Lutz Kehden

Grüne Glücksorte in Darmstadt

Geh raus & blüh auf

Dieses
Glücksbuch
ist für

Liebe Glücksuchende,

die viertgrößte hessische Metropole bietet jede Menge idyllische grüne Oasen, sanfte Gewässer und verwunschene Pfade, die Glücksgefühle aufkommen lassen. Trotz dichter Besiedlung ist Darmstadt eine „Stadt im Wald" geblieben. Landgrafen und Großherzöge ließen in ihrer Residenzstadt einst prächtige Parks und Gärten erschaffen, die heute zum Lustwandeln, Träumen und Entschleunigen einladen. Kurze Entfernungen und grüne Verbindungswege ermöglichen, die kleine Großstadt leicht zu Fuß, mit dem Fahrrad und dem öffentlichen Nahverkehr zu erkunden. Darmstadt und seine Umgebung sind von den Ausläufern des hügeligen Odenwalds geprägt, mit herrlichen Ausblicken im Osten, von den blühenden Landschaften der Bergstraße mit ihren Schlössern und Burgen im Süden sowie vom hessischen Ried im Westen bis zur rheinhessischen Weinregion am Rhein. Lernen Sie Kunst zum Anfassen und Mitgestalten in der freien Natur kennen, probieren Sie hessische Gaumenfreuden an ungewöhnlichen Orten, nehmen Sie zu jeder Jahreszeit ein Außenbad mitten in der City, entdecken Sie das hessische Stonehenge und freuen Sie sich über Begegnungen mit Störchen, Pfauen und Kängurus. 80 grüne Glücksorte habe ich für Sie entdeckt und ihre Besonderheiten für Sie aufgespürt. Die Verbindung von Natur, Geschichte, Kultur und Wissenschaft in der UNESCO-Welterbestadt sucht ihresgleichen. Also nichts wie raus aus dem Haus und rein in die Natur. Sie liegt direkt vor der Haustür und wartet darauf, (neu) entdeckt zu werden.

Ihr Lutz Kehden

Deine Glücksorte …

... noch mehr Glück für dich

Welt der Farben und Düfte

Erlebnis Botanischer Garten

Der Botanische Garten in Darmstadt ist ein für die wissenschaftliche Forschung bedeutender Ort, der zu den Öffnungszeiten frei zugänglich ist. An der Heinrichstraße ist die über 200-jährige Anlage zwar bereits durch einen Zaun zu erahnen, doch wo geht es hinein? Auch das alte schmiedeeiserne Tor ist verschlossen. Der Eingang liegt recht versteckt. Der Weg führt weiter in die Schnittspahnstraße auf den Campus des Fachbereichs Biologie und des Instituts für angewandte Geowissenschaften der TU Darmstadt. Hier gibt es endlich Hinweisschilder. Eine kleine unscheinbare Pforte und ein angenehmer Blütenduft weisen den Weg. Hinter dem Eingang hat man sofort die großen Schaugewächshäuser im Blick. Darin untergebracht ist ein „grünes Klassenzimmer" als außerschulischer Lernort für Kinder- und Jugendgruppen sowie eine prächtige, tropische und subtropische Pflanzenschau. Während der Arbeitszeit unter der Woche können Besucher sie entdecken und sich an ihr erfreuen; der Außenbereich ist täglich geöffnet. Eine Sammlung von über 8000 Pflanzenarten aus allen Klimazonen der Welt wird heute auf dem Gelände kultiviert. Nach dem Besuch der Gewächshäuser lässt sich die botanische Glückstour auf der Freilandfläche fortsetzen. Die Wege schlängeln sich durch mehrere Vegetationsbereiche, die je nach Jahreszeit einen ganz besonderen Zauber mit sich bringen. Heide Garten, Moorgrund und das Alpinum mit Pflanzen aus verschiedenen Höhenlagen und die anderen Vegetationsbereiche lassen sich immer wieder neu entdecken.

TIPP
Freitagsführungen finden jeweils am 1. Freitag im Monat statt (Uhrzeiten auf der Website).

Die lange Geschichte des Botanischen Gartens reicht bis ins Jahr 1814 zurück, als er im Graben des Darmstädter Schlosses gegründet wurde. Die Fläche wurde schnell zu klein, mehrere Ortswechsel folgten. Im Jahr 1874 bezog der Garten seinen jetzigen Standort. Für das etwa 5 Hektar große Gelände, inklusive der etwa 1100 Quadratmeter großen Gewächshausfläche, sollte man ausreichend Zeit mitbringen. Hier gehen grüne Sinnesträume in Erfüllung.

- Botanischer Garten der TU Darmstadt, Schnittspahnstraße 5, 64287 Darmstadt
www.bio.tu-darmstadt.de/botanischergarten
- ÖPNV: Bus L, Haltstelle Botanischer Garten/Vivarium

Schiefes Spektakel

Am Hundertwasserhaus Waldspirale

Gerade Linien? Rechte Winkel? Beim österreichischen Künstler Friedensreich Hundertwasser sucht man sie vergeblich. Er lehnte Standards ab und liebte runde Formen. Ein Gegner der geraden Linien, insbesondere als Architekt. Lebendige Fantasie, Individualität und der Bezug zur Natur zeichneten ihn aus.

Sein Credo der Harmonie zwischen Mensch und Natur spiegelt sich auch in der Waldspirale wieder, die er kurz vor seinem Tod entwarf und die im Jahr 2000 nach nur 18 Monaten Bauzeit im Bürgerparkviertel fertiggestellt wurde. Ihre Fassade wirkt wie von Kinderhand gemalt. Die Formen und Farben sollen die Erdschichten unter dem gigantischen Kunstwerk repräsentieren. Die mehr als 1000 Fenster der Waldspirale folgen keinem Raster und sind alle Unikate.

Das Herzstück bilden die beiden Innenhöfe, um die sich das Gebäude wie ein Hufeisen biegt. Hier gibt die Natur den Ton an. Hier wuchern Bäume, Blumen, Stauden und Sträucher. Eine wahrhaft grüne Oase für die Bewohner der 105 Wohnungen, die nicht für die Öffentlichkeit zugänglich sind. Schade, aber für die Privatsphäre der Bewohner ist es besser so.

An der Südseite bekommt man allerdings einige Einblicke in die Anlage. So lassen sich ein Bachlauf und ein künstlich angelegter See erkennen, an dem sich ein Entenpaar heimisch fühlt – ganz im Sinne des Erfinders. Einen besonders aufregenden Blick gewährt die obere Plattform des Parkhauses gegenüber. Von hier lassen sich die bunte und unregelmäßige Fassade, die goldenen Zwiebeltürme, die verschiedenen Fenster und die bepflanzten Dächer bestaunen.

Die Stadt Darmstadt bietet Rundgänge um die Waldspirale an. Dabei erfahren Neugierige mehr über die Geschichte, die Architektur und die Philosophie von Hundertwasser und seine Idee vom organischen, menschengerechten Wohnen.

● Waldspirale/Hundertwasserhaus, Waldspirale, 64289 Darmstadt
● ÖPNV: Tram 4, 5, Haltestelle Messplatz

Blühende Zeiten

Spaziergang über die Rosenhöhe

„Vor allen anderen lächelt mir dieser Erdenwinkel", bekannte sich 1810 Großherzogin Wilhelmine zu ihrem schönen Fleck Landschaft. Anfang des 19. Jahrhunderts gab sie die Planung als Landschaftsgarten nach englischem Vorbild in Auftrag. Die Rosenhöhe, das klingt nach Duft, das klingt nach Liebe, das klingt nach Farben. Im Osten der Stadt, ganz in der Nähe der Jugendstilhäuser der Mathildenhöhe, liegt der historische Landschaftsgarten, der im 19. Jahrhundert von der großherzoglichen Familie angelegt wurde. Er beherbergt viele seltene und exotische Bäume – Mammutbäume, Magnolien und Zedern.
Der Gang startet am Löwentor, das seit 1926 der markante Eingang unweit des Ostbahnhofs und der Mathildenhöhe ist. Gut ausgebaute Wege und Bänke zwischen großen Wiesen machen den Park zu einer Oase der Ruhe. Zuerst geht es durch eine gerade Allee, vorbei an den Häusern der neuen Künstlerkolonie Rosenhöhe. Dann macht der Weg einen Schlenker nach links und wieder nach rechts zum Herzstück des Parks, dem Rosarium, geschaffen um 1900 vom letzten Großherzog Ernst Ludwig. Mehrere Terrassen sind mit über 10.000 Rosen aus über 200 Arten und Sorten bepflanzt. In der Mitte des Rosariums steht der Rosendom, eine eiserne Konstruktion, die von Rosen umrankt ist. Die Hauptblütezeit liegt im Juni und Juli bis in den Spätsommer hinein. Parkbesucher machen es sich hier gerne mit einem Buch bequem oder suchen mit ihrer Kamera einen besonderen Winkel, um das bunte Blütenmeer optimal in Szene zu setzen.
An der Rosenhöhe ist zugleich der Startpunkt des sogenannten Sieben-Hügel-Steigs. Dieser Wanderweg beginnt am Ostbahnhof gegenüber und führt durch eine hügelige Landschaft in den südlichen Stadtteil Eberstadt. Zu seinen Highlights zählen neben der Rosenhöhe die Ludwigshöhe (Glücksort 6), der Prinzenberg und die Streuobstwiesen in Eberstadt (Glücksort 80). Rosen sind bekanntlich das Symbol der Liebe. Wer verliebt sich nicht in diesen zauberhaften Glücksort?

- Rosenhöhe Darmstadt – Löwentor, Seitersweg 13, 64287 Darmstadt
- ÖPNV: diverse Linien, Ostbahnhof Darmstadt

Kleinod im Quartier

Der Ingelheimer Garten

Klein, aber oho: Der Ingelheimer Garten mit seinem dreieckigen Grundriss ist eine grüne Oase zwischen Verlegerviertel und Postsiedlung, ganz in der Nähe des Akaziengartens (Glücksort 11). Er wurde nach der Stadt Ingelheim am Rhein benannt, die damals zum Großherzogtum Hessen gehörte. Einladende Grünflächen, ein Rundweg mit vielen Sitzmöglichkeiten – ein echter Glücksort zum Entspannen. Am Eingang fällt ein spiralförmiger Brunnen auf. Das Wasser fließt aus einem steinernen Block über Verzweigungen in einen seitlich zum Fußweg angelegten Bachlauf. Von der Quelle bis zur Mündung – so die Symbolik des Brunnens. Eine fast meditative Umgebung. Auf der gegenüberliegenden Seite, wo der Rundweg sich wieder Richtung Eingang schlängelt, toben Kinder auf dem modernen Spielplatz. Auf der Wiese mit vielen Bäumen ließ der Oberbürgermeister vor Kurzem einen Maulbeerbaum pflanzen. Diese beliebten Bäume haben eine mediterrane Note und sie sind robust und pflegeleicht. Sie gehören zu den ältesten Kulturpflanzen der Menschheit.

Einst war dies der Garten eines ehemaligen Offizierskasinos der Darmstädter Kavallerieregimenter. Nach einer Umgestaltung ist der 5000 Quadratmeter große Ingelheimer Garten seit Juli 1990 ein öffentlicher Park. Ein Glück für die Bewohner der neun Mehrfamilienhäuser mit insgesamt 245 Eigentumswohnungen ringsum. Die auffällig roten Bauten vermitteln einen wohlig warmen Kontrast zum Gartengrün, das die Wohnqualität erfreulich erhöht. Der Ingelheimer Garten setzt dieser nachhaltigen Architektur das i-Tüpfelchen auf. Er ist ein echtes Vorbild für die Renaturierung nicht genutzter Flächen inmitten dicht bebauter Wohnsiedlungen. Hier trifft sich die Nachbarschaft zum Glücksmoment in sattem Grün, hier machen Stadtreisende eine Pause in der Natur, hier trifft man Freunde zum Spielen und zum Austausch, hier finden Einzelne ein ruhiges Plätzchen auf einer Parkbank zum Verweilen und Durchatmen. Eine Oase, in der man gerne länger verweilt.

● Ingelheimer Garten, Ingelheimer Straße 4, 64295 Darmstadt
● ÖPNV: Bus H, Haltestelle Fliederberg

Grüne Schneise

Entlang der Albert-Schweitzer-Anlage

Ein heißer Sommertag. Viele Spaziergänger und Jogger laufen entlang der beiden schnurgeraden äußeren Pfade der Albert-Schweitzer-Anlage, benannt nach dem berühmten Arzt und Friedensnobelpreisträger Albert Schweitzer. Die gepflegte, 700 Meter lange grüne Schneise ist einer der vielen natürlichen Verbindungswege, die die Darmstädter alternativ zu den stark befahrenen Straßen nutzen – in diesem Fall der Fritz-Bauer-Straße. Die meisten Spaziergänger zieht es auf die kühlere Seite der beiden Wege; Bäume und die Häuserreihe am äußeren Rand spenden wohltuenden Schatten, wenn die Sonne im Hochsommer zu heiß vom Himmel strahlt. Doch die Grünanlage ist noch mehr als ein Verbindungsweg. Der Rasen zwischen den beiden Wegen wurde mit Bäumen und Büschen bepflanzt, die die Luft abkühlen. Hier werden gerne Picknickdecken ausgebreitet, sich Bälle zugespielt oder man lässt einfach die Seele baumeln. Heimische Stauden und Blühpflanzen wurden im Rahmen des Blühwiesenprojekts der Stadt Darmstadt zur weiteren Bepflanzung ausgewählt. Das sorgte für zusätzlich Farbtupfer und biologische Vielfalt. Zum Staunen bringt eine monumentale Roteiche. Allein ihr unteres Astwerk könnte als Baumstamm durchgehen. Fast 4 Meter misst der Baumumfang an der dicksten Stelle. Dieser Baum lässt sich nur zu mehreren umarmen. Immer wieder ein Spaß für Besucher.
Die Albert-Schweitzer-Anlage entstand in der zweiten Hälfte des 19. Jahrhunderts als grüner Abstandsrasen zwischen der Main-Neckar-Eisenbahnstrecke, die von Frankfurt am Main nach Heidelberg verlief, und dem damaligen Exerzierplatz. 1912 wurde die Bahntrasse aufgegeben und weiter nach Westen verlegt. An ihrer Stelle sind die Häuser westlich der Fritz-Bauer-Straße errichtet worden. Die geraden Wege des Parks machten schon viele Darmstädter froh und glücklich, als sie hier das Fahrradfahren lernten.

● Albert-Schweitzer-Anlage, Rheinstraße 60, 64283 Darmstadt
● ÖPNV: Tram 1, 2, 6, 7, 8, 9, Bus F, FX, H, Haltestelle Rhein-/Neckarstraße (5 Min. Fußweg)

Treffen mit Ausblick

Auf der Ludwigshöhe

Willkommen auf dem Hausberg im südlichen Stadtteil Bessungen! Das beliebte Ausflugsziel wurde nach Großherzog Ludwig I. benannt. Anfang des 19. Jahrhunderts entwickelte sich diese Anhöhe zu einem Ort der Ruhe und Entspannung für Menschen aus der Umgebung. Ab dem Jahr 1900 wurde die Ludwigshöhe Darmstadt zum selbsternannten Luftkurort und war bis zum Ausbruch des Zweiten Weltkriegs eines der beliebtesten Ausflugsziele Deutschlands. Dazu gehörten ein großes Hotel-Restaurant mit Aussichtsterrasse und der heute noch existierende, knapp 30 Meter hohe Ludwigsturm. Zur kalten Jahreszeit erwarteten die Besucher Wintersportmöglichkeiten, inklusive Bobbahn und Skisprungschanze. Das Hotel-Restaurant wurde Ende des Zweiten Weltkriegs zerstört. Obwohl immer wieder über einen Neubau nachgedacht wurde, kam es nie dazu.

Doch es hat sich einiges getan: In den 1970er-Jahren ist die Ludwigshöhe aus ihrem Dornröschenschlaf erwacht und erfreut sich als Ausflugsziel wieder steigender Beliebtheit. Ganz besonders für Familien ist die idyllische Ludwigshöhe ein echter Glücksort. Kinder stürmen nach Ankunft direkt auf den Spielplatz neben der Ludwigsklause. Von der Terrasse vor dem Ausflugslokal lassen sich die Kleinen gut beobachten, während die Großen ein Bier und eine Stärkung zu sich nehmen können. Die vielen schattigen Plätze bieten zudem eine wunderbare Möglichkeit zur Einkehr nach einer Wanderung. Denn die Ludwigshöhe ist auch Start- und Ziel für erholsame Waldpfade in der nahen Umgebung. Das 1981 fertiggestellte Observatorium der Volkssternwarte Darmstadt, Teil des Ensembles der Ludwigshöhe, ermöglicht einen magischen Blick in die Sterne. Der gemeinnützige Verein lädt das ganze Jahr über zu Veranstaltungen ein, darunter öffentliche Sonnenbeobachtungen und Beobachtungsabende. Die Aussichtsplattform auf dem Ludwigturm sowie die neu gestaltete Aussichtsterrasse bescheren einen beglückenden Blick auf ganz Darmstadt, die Rheinebene bis nach Frankfurt und in den Taunus.

- Ludwigsklause, Auf der Ludwigshöhe 192, 64285 Darmstadt
- ÖPNV: Tram 1, 6, 7, 8, Haltestelle Marienhöhe (20 Min. Fußweg)

Graffiti-Zauber

Entlang der Lincoln Wall

Graffitis waren oft einzig verschrien, als Schmierereien an Hauswänden und anderen Gegenständen, die ohne Erlaubnis des Eigentümers dort angebracht werden. Doch die Spray-Malereien verstehen sich längst als Kunstform und sind der Ausdruck einer jungen Street-Art-Generation. Wer nach Darmstadt in die Lincoln-Siedlung kommt, jene ehemaligen amerikanische Militärbehausungen, auf deren Gelände jetzt ganz neue Wohnsiedlungen entstanden sind, kann sich an dieser Kunstform erfreuen. An der westlichen Seite trennt eine ehemals triste Schallschutzmauer die B3 von der neuen Wohnanlage. Die sogenannte Lincoln Wall hat sich seit ihrer offiziellen Eröffnung im Jahr 2016 zu einer Art Kunstgalerie im Freien entfaltet. Weit über 100 Graffitis schmücken das einst graue Betonbauwerk. An der Mauer entlang kann man wie durch eine öffentliche Open-Air-Galerie spazieren. Immer wieder sind neue Motive auf der mit 700 Metern längsten legalen Graffiti-Wand in Hessen zu entdecken. Auch Fußweg, Bänke, Mülleimer und Laternen sind inzwischen bunt besprüht. Ein Zeugnis für die Kreativität und Vielfalt der urbanen Kunstszene in Darmstadt, die sich hier austoben kann. Street-Art-Künstler kommen aus der ganzen Welt und feiern hier Graffiti-Festivals. Organisiert wird der sogenannte Lincoln Wall Jam vom 1. Sprühclub Lincoln Wall e. V., der aus der Graffiti-Gruppe des Jugendforums Darmstadt hervorgegangen ist. Gemeinsam mit dem Jugendforum hatten sich Jugendliche im Jahr 2015 für eine legale Graffiti-Fläche eingesetzt. 2016 konnte dieser Traum mit Unterstützung von Straßenbetreiber Hessen Mobil und der Bereitstellung der Lärmschutzwand an der B3 verwirklicht werden. Auf dem Jam gibt es Workshops, etwa für alle, die in die Szene einsteigen und sich mal selbst an der Spraydose ausprobieren wollen. Zudem wird die Sprayermania mit passender Musik und Streetfood-Ständen begleitet. Dann ist nicht nur die Graffiti-Szene glücklich.

- Lincoln Wall, Noackstraße 21, 64285 Darmstadt
- ÖPNV: Tram 1, 7, 8, Haltestelle Lincoln-Siedlung

Auszeit am Löwenbrunnen

Der Mathildenplatz

Der rund 8000 Quadratmeter große Mathildenplatz ist eine grüne Oase in unmittelbarer Nähe zum Luisenplatz und des Herrengartens. Er ist nach Mathilde Caroline von Bayern benannt, der Frau von Großherzog Ludwig I. von Hessen Darmstadt. Den Platz umgibt klassizistische Architektur, zum Beispiel das Landgericht, das Kanzleigebäude und das Justizgebäude.

Auf dem Platz stehen auch zwei Denkmäler: das Gustav-Lorenz-Denkmal, das an den Darmstädter Komponisten erinnert, und das Abt-Vogler-Denkmal, das dem berühmten Organisten und Musiktheoretiker gewidmet ist. Der Mathildenplatz wurde nach Plänen des Architekten Georg Moller angelegt. Seinen ursprünglichen dichten Baumbestand ersetzt seit etwa 1900 eine Rasenfläche. In der rechteckigen Grünanlage sind die mit Mosaikpflastern befestigten Wege karoförmig angelegt. Ein wunderschönes rundes Ornament in drei Farben betont die beiden Schnittpunkte dieser Wege. Von hier aus spürt man den Abstand zum hektischen Treiben der Stadt ganz besonders. Ein wahrer grüner Glücksmoment zum Innehalten und Durchatmen. Viele Menschen aus den umliegenden Büros kommen zum Abschalten und Entspannen auf den mit Bäumen umrahmten Mathildenplatz. Für einen kleinen Spaziergang oder eine Pause nach dem Shoppen in der nahen Fußgängerzone ist es hier ideal. An der Ostseite warten viele kleine Restaurants auf hungrige Gäste.

Das angenehme Plätschern des Löwenbrunnens von 1824 in der Platzmitte überlagert die Verkehrsgeräusche. Sein malerisches Wasserspiel auf einer dreistöckigen Plattform aus Sandstein ist mit Löwen und Delfinen verziert. Der sogenannte Mischbrunnen vereint die drei Formen des steigenden, fallenden und ausgießenden Wassers. Das steigende Wasser wird als Fontäne auf der oberen Plattform ausgestoßen und fließt als fallendes Wasser zurück in das untere Rundbecken. Das ausgießende Wasser wird über speiende Löwenköpfe im mittleren Becken zur Schau gestellt. Wer dieses Schauspiel beobachtet, nimmt sich Zeit für einen Wohlfühlmoment.

- Mathildenplatz, 64283 Darmstadt
- ÖPNV: diverse Linien, Haltestelle Mathildenplatz, Willy-Brandt-Platz oder Luisenplatz

Biologie zum Anfassen

In den Weiten des Bioversums

Das Bioversum ist ein interaktives Naturmuseum im Zeughaus von Schloss Kranichstein. Hier geht es um das kulturelle und naturhistorische Erbe des Jagdschlosses – aus biologischer Sicht. Das langgezogene Gebäude liegt rund 400 Meter vor dem Schloss an einem ruhigen Waldweg, der idyllisch am Backhausteich vor dem Schlosspark vorbeiführt.

Kleinen und großen Entdeckern wird im Bioversum die Bedeutung der biologischen Vielfalt als Existenzgrundlage allen Lebens nähergebracht. Dabei wird sie als untrennbarer Teil der kulturellen Entwicklung des Menschen in den Mittelpunkt gestellt. Auf spielerische Weise lädt das Mitmachmuseum zum Entdecken, Experimentieren und Ausprobieren ein.

Vom Parkplatz vor dem Zeughaus reicht der Blick in zwei Ausstellungsräume. Hör- und Ratespiele in Verbindung mit den Exponaten stimmen Glücksucher sofort darauf ein, aktiv zu werden, bevor es in die echte Natur geht.

TIPP

Hausgemachte Kuchen und Quiches gibt es im eigenen Café Kranich mit Biergarten.

Am Ende der Ausstellungsräume führt ein Weg hinaus in das sogenannte Freilandlabor, auf dem zwei Gewächshäuser und ein bunter Bauwagen auffallen. Viele zieht es spontan in Richtung Bauwagen mit dem großen Rondell dahinter. Was es damit wohl auf sich hat? Der begehbare Kreis verrät, dass in verschiedenen Abschnitten nichts gesät wurde, sondern mit Spannung erwartet wird, was die unterschiedlichen Böden wohl an Gewächsen hervorbringen. Das, was die Natur von ganz allein hervorbringt, wird im Bauwagen dokumentiert. Auch ein Display an der Seite verrät, was bisher alles gewachsen ist. An interaktiven Stationen, wie der Bestimmungskugelbahn für Pflanzen oder im sich selbst überlassenen Wildwald wird weiterer Wissensdurst gestillt. Hier gibt es an vier Forscherstationen mit verschiedenen Spielen, Suchaufträgen und Informationen zu entdecken, wie der Wald als Lebensraum für die Tiere dient. Das ist jedes Mal ein Glücksmoment. Zudem bietet das Bioversum ein Begleitprogramm mit Exkursionen, Sonderausstellungen und Workshops rund um biologische Artenvielfalt an.

- Bioversum Jagdschloss Kranichstein, Kranichsteiner Straße 253, 64289 Darmstadt www.jagdschloss-kranichstein.de
- ÖPNV: Bus H, Haltstelle Kesselhutweg (15 Min. Fußweg); Bus F, FX, Haltestelle Oberwaldhaus (20 Min. Fußweg durch den Wald)

Grüne Weggefährtin

Die Rudolf-Müller-Anlage

Unter dem Namen Rudolf-Müller-Anlage ist sie den meisten Darmstädtern gar nicht bekannt, aber jeder weiß, welche grüne Verbindungsachse gemeint ist. Wie auch in anderen Teilen der Stadt wurde hier parallel zur geschäftigen Bundesstraße 26 eine parkähnliche Verbindung zwischen dem Jugendstilbad im Westen (Glücksort 75) und dem Großen Woog (Glücksort 53), dem Naturbadesee im Osten der Stadt, geschaffen. Die Stadt hat die Anlage erweitert und aufgewertet, was den Weg zum Großen Woog näher wirken lässt und noch attraktiver macht.

Wer die nach dem früheren Darmstädter Oberbürgermeister und Ehrenbürger Rudolf Müller benannte, kleine Parkanlage vom Merksplatz hinter dem Jugendstilbad betritt, kann erst einmal tief durchatmen und lässt die Hektik des Stadtzentrums hinter sich. Auf den breiten Grünflächen haben Picknicklustige Quartier bezogen und genießen die Sonnenstrahlen. Der Weg gabelt sich schon zu Beginn in zwei Laufrichtungen. Durch dichte Bepflanzung von der Bundesstraße abgeschirmt, schlängelt sich der nördliche linke Weg in Richtung Jugendherberge. Der südliche rechte Weg führt ins Woogsviertel. Bald taucht der Darmbach auf, der den Großen Woog speist, bevor er unterirdisch weiterfließt. Direkt dahinter tauchen ein kleiner Teich und ein großer Abenteuerspielplatz auf. Die Bäume ringsum spiegeln sich auf der glatten Wasseroberfläche. Doch was bewegt sich dort und gleitet mit leichten Wellenbewegungen fast lautlos durch das Wasser? Eine Nutria, die sich hier recht wohl zu fühlen scheint. Neugierige Kinder und Eltern schauen den putzigen Nagern zu, die mit den Meerschweinchen verwandt sind. Wie auch die hier lebenden Enten und Nilgänse, die sich im Sommer vor den Badegästen gerne an den kleinen Teich zurückziehen, dürfen Nutrias weder angefasst noch gefüttert werden. Am Ende des Wegs strahlt uns auf der Höhe des Sprungturms das blaue Nass des Großen Woogs entgegen. Bei schönem Wetter verrät die lautstarke Begeisterung schon vorab das Sommerglück der Badegäste.

● Jugendstilbad/Mercksplatz, 64287 Darmstadt
● ÖPNV: Bus L, Haltestelle Merksplatz; diverse Linien, Haltestelle Jugendstilbad

Neue Schätze

Auf den Pfaden des Akaziengartens

Über die Schepp Allee nördlich der Agentur für Arbeit führt eine wunderschöne, größtenteils von Kiefern gesäumte Straße zum nördlichen Eingang des Akaziengartens. Als die Allee im 18. Jahrhundert ihren Namen bekam, waren die Bäume größtenteils schief und verkrüppelt – umgangssprachlich „schepp". Nachbepflanzungen haben dieses Bild sprichwörtlich gerade gerückt.

An der parallel verlaufenden, geschäftigen Eschollbrücker Straße ist die Toreinfahrt zum Hessischen Rechnungshof, zugleich der Haupteingang zum Akaziengarten, einem überraschend idyllischen Park. Bis heute beeindruckt dieses kleine Naturparadies, das Großherzog Ludwig I. im Jahr 1817 anlegen und aufgrund des kargen Sandbodens mit Robinien – auch falsche Akazie genannt – bepflanzen ließ. Neben den Akazien stehen im Park auch Maulbeerbäume, deren Blätter ursprünglich bei der Zucht von Seidenraupen verfüttert wurden.

Alle Wege führen zu einem achteckigen zentralen Platz, in dessen Mitte ein Teehäuschen stand. Viele Besucher begeistern sich für die vielen biodiversen Beete, die zum Schutz mit feinem Draht umzäunt sind. Eine willkommene Inspiration. Zu entdecken gibt es auch eine artenreiche Magerwiese mit heimischen Wildblumen und ein naturnahes Staudenbeet mit Wildstauden, die Trockenheit gut vertragen, und weiteren Sorten, in denen sich gern Insekten tummeln, die für neue duftende Blüten sorgen.

Seit 1986 stehen der Park und die historischen Gebäude, die ihn umrahmen, als Ensemble unter Denkmalschutz. Heute kaum vorstellbar, diente das Gelände im Ersten und Zweiten Weltkrieg als Militärlazarett. Der Akaziengarten blieb in diesen schweren Zeiten weitestgehend verschont. Die teils zerstörten Gebäude wurden wieder aufgebaut und heute sind hier staatliche Behörden und Wohnungen untergebracht. Der gemeinnützige Verein Pro Akaziengarten e. V. engagiert sich für den dauerhaften Erhalt der Anlage. Was für ein Glück für Besucher dieser denkmalgeschützten Oase.

- Akaziengarten, Hessischer Rechnungshof, Eschollbrücker Straße 27, 64295 Darmstadt
- ÖPNV: Bus H, Haltestelle Fliederberg

Naturverbunden

Im Landschaftspark Lichtwiese

Die Lichtwiese am Ostrand wird in Darmstadt vor allem mit dem gleichnamigen Campus der Technischen Universität Darmstadt in Verbindung gebracht. Hier sind vorwiegend natur- und ingenieurwissenschaftliche Fachbereiche sowie Forschungseinrichtungen angesiedelt. Doch die Lichtwiese ist nicht nur ein Campus, sondern auch ein großer Park, der nördlich der Universität in einer Wald- und Wiesenlandschaft aufgeht. Das Gelände wurde im 20. Jahrhundert aus einem ehemaligen Waldgebiet geschaffen, das bereits im späten Mittelalter gerodet wurde.

Einen guten Einstieg bietet der bewaldete Eingang gegenüber des Hochschulstadions. Jogger, Hundehalter, Studenten und andere Freiluftenthusiasten genießen hier im Sommer die langen schattigen Wege. Am Wegesrand gibt es verschiedene Kunstwerke und Skulpturen zu bestaunen – gleich zwölf von verschiedenen Künstlern, unterschiedlich in Form, Material und Bedeutung. Eine Reihe von großen Tongefäßen, die teilweise zerbrochen sind. Das „Arrangement mit großen Tongefäßen" von Franz Stähler soll die Vergänglichkeit und Zerbrechlichkeit des Materials zeigen.

Wer hoch hinaus will, dem bietet der Landschaftspark Lichtwiese einzigartige Möglichkeiten zum Klettern in freier Natur. Der Deutsche Alpenverein hat neben dem Hochschulstadion ein modernes In- und Outdoor-Kletterzentrum geschaffen. Dort können Kletter- und Boulderfreunde vom Anfänger bis zum Profi auf rund 1400 Quadratmeter Fläche verschiedene Routen und Parcours ausprobieren. Auch Kurse, Events und Wettkämpfe für Groß und Klein werden angeboten. Ganz in der Nähe im Kletterwald Darmstadt kann man sich mit Seilrutschen, Hängebrücken, Netzen etc. von Baum zu Baum schwingen. Ein wunderbares Erlebnis in der Natur, das spätestens am Ziel viele Endorphine ausschüttet. Im Landschaftspark Lichtwiese befinden sich auch die Grünpause (Glücksort 27), das Vivarium (Glücksort 69), der Botanische Garten (Glückort 1) und der Alte Friedhof (Glücksort 55).

- TU Lichtwiese, Parkhaus P8, Eugen-Kogon-Straße 31, 64287 Darmstadt
- ÖPNV: Odenwaldbahn RB81, RB82, Haltestelle TU Lichtwiese/Bahnhof (5 Min. Fußweg); Bus L, Haltestelle TU-Lichtwiese/Campus; Tram 2, Haltestelle Hochschulstadion

Lieblingsplatz der Sinne

Vortexgarten auf der Mathildenhöhe

Auf der Mathildenhöhe unterhalb der russischen Kapelle liegt ganz versteckt ein idyllischer Fleck, der mit Worten schwer zu beschreiben ist. Man muss einfach hingehen und ihn auf sich wirken lassen. Die Rede ist vom Vortexgarten, dem einzigen öffentlichen Park Darmstadts in Privatbesitz. Er gehört dem Darmstädter Henry Nold, der ihn zum Wohl der Allgemeinheit fürsorglich hegt und pflegt. Tagsüber ist der Park für Besucher kostenlos geöffnet. In diesem Garten der Sinne bewegt man sich auf ovalen Trittsteinen, was eine gewisse Konzentration erfordert, sodass einem kaum etwas entgehen kann. Vortex steht für Wirbel oder Wirbelbewegung. Genauso zieht sich der Weg durch den Garten. Zu entdecken gibt es viele lauschige Ecken mit Sitzgelegenheiten auf ganz unterschiedlichen Sitzmöbeln. Immer wieder wird man vor die Wahl gestellt, welchen Pfad man einschlagen will. Vorbei geht es an Skulpturen, Mosaiken, einer Aussichtsplattform, hinduistischen Götterstatuen, Bienenstöcken, Fledermausnistkästen, einem großen Trampolin, Teichen und vielen Kunstwerken. Am Ein- und Ausgang steht das Haus Martinus – ein denkmalgeschütztes Gebäude, auf dessen Terrassen der Besucher ebenfalls entspannen kann. Der ganze Garten ist inspiriert von der Lebensreform Bewegung der Darmstädter Künstlerkolonie sowie dem österreichischen Förster und Erfinder Viktor Schauberger, der sich in der ersten Hälfte des 20. Jahrhunderts für eine an der Natur orientierte Technik einsetzte. Der Garten ist mit vielen symbolischen Elementen geschmückt. Es sind Hinweise auf die Geometrie und Numerologie des Lebens, darunter Vortex-Spiralen, die Eiformen der Gehplatten, Kornkreise und Wasserspiele. Überall sind kunstvolle Lampen angebracht, sodass dieser Garten auch bei Dunkelheit eine ganz besondere Wirkung entfaltet. Im Gegensatz zum geregelten Ensemble weiter oben auf der Mathildenhöhe wird dieser Fleck größtenteils der Natur überlassen. Ein verwunschener Ort, der darauf wartet, mit allen Sinnen erkundet zu werden.

- Vortexgarten, Prinz-Christians-Weg 13, 64287 Darmstadt
www.mathildenhoehe.org
- ÖPNV: Bus F, FX, M, Haltestelle Lucasweg/Mathildenhöhe

Am Braunshardter Tännchen

Das Braunshardter Tännchen im benachbarten Weiterstadt, 7 Kilometer von Darmstadt entfernt, ist ein wahrer Schatz für Familien und Naturliebhaber. In einem wunderschönen Waldgebiet zwischen der Ortsmitte und dem Stadtteil Braunshardt gelegen, lockt die Anlage mit vielen Höhepunkten in kurzem Abstand. Der Waldspielplatz im Braunshardter Tännchen ist ein Spieleparadies für kleine Eroberer. Hier begeistern Babyschaukel, Sandkasten und ein Kletterhäuschen mit Tunnel und Rutsche. Wasser schleusen, pumpen, hochschrauben, fließen lassen – das ist ein Riesenspaß für Kinder in der warmen Jahreszeit auf dem Wasserspielplatz. Die größeren Eroberer zieht es an die Tischtennisplatten und eine Bahn für Boule oder Boccia. Auf einem hübsch angelegten, 400 Meter langen Erlebnispfad, der gleich neben dem Spielplatz beginnt, locken sechs Herausforderungen mit der Natur. So zieht es Kids an die Holzorgel, um Bäume mithilfe ihres Stamms zu bestimmen, an das Eichhörnchentelefon für ein Gespräch durch einen Baumstamm oder auf den Barfußpfad.
Damit noch immer nicht genug: Wer den Golfschläger schwingen will, hat am Wochenende und an Feiertagen auf einer schönen Minigolfanlage die Gelegenheit dazu. Im integrierten Kiosk kann man sich mit heißen Snacks, Kuchen und Getränken versorgen. Als besonderes kulturelles Highlight wird hier jeden Sommer das Weiterstädter Filmfest veranstaltet, das für unvergessliche Filmabende unter freiem Himmel sorgt. Es ist das Cannes des südlichen Rhein-Main-Gebiets, ganz ohne roten Teppich, oder das „Woodstock des Kurzfilms", wie es in der Presse genannt wird. Auf mehreren Leinwänden werden hier abwechselnd rund 200 überwiegend kurze Spiel- und Dokumentarfilme mit internationaler Beteiligung gezeigt. Begleitet wird das Filmfest von Livemusik, einer Zeltumgebung der Filmemacher sowie Gastronomie- und Souvenirständen. Ein erlebnisreicher Tag mit Glücksgefühlen ist am Braunshardter Tännchen für die ganze Familie garantiert.

● Braunshardter Tännchen, Ecke Klein-Gerauer Weg und Braunshardter Weg, 64331 Weiterstadt, www.minigolf-weiterstadt.de, www.filmfest-weiterstadt.de
● ÖPNV: RB75, Bahnhof Weiterstadt (20 Min. Fußweg); Bus WE3, Haltestelle Weiterstadt Hallenbad (10 Min. Fußweg)

Erfrischendes Quellwasser

Albertsbrunnen in der Darmbachaue

Jeder Waldbesucher freut sich auf eine Pause in der Natur. Umso mehr, wenn sie erfrischend daherkommt. 18 Quellen sprudeln im Darmstädter Wald das ganze Jahr munter vor sich hin. Als der Wald um 1850 zum Erholungsgebiet wurde, sind verschiedene kleine Brunnen neu gefasst und nach den Namen der großherzoglichen Familie benannt worden. Auf ein solches historisches Trinkwasserbrünnchen treffen Waldliebhaber im Naturschutzgebiet Darmbachaue am sogenannten Franzosenberg östlich von Darmstadt.
Ein guter Startpunkt für die Waldwanderung ist der Bahnhof TU-Lichtwiese. Nach der Unterführung an der Brücke der Odenwaldbahn führt ein idyllischer, gut begeh- und mit dem Rad befahrbarer Waldweg am Rand des Naturschutzgebiets Darmbachaue zur Brunnenquelle. Auf dem Waldweg fällt zunächst eine Schutzhütte auf der Südseite auf. Ein Schild des Forstamts Darmstadt weist darauf hin, dass einige Wege gesperrt sind, weil in der Nähe Bäume gefällt werden. Hier werden Mischwälder aufgeforstet, die sich besser an die sich ändernden Klimabedingungen anpassen können. Der Weg zum Albertsbrunnen neben der Schutzhütte und einem hölzernen Rasttisch mit zwei Bänken ist nicht gesperrt. Wenn man genau hinsieht, erscheint bald ein Fels mit einer Löwenkopfverzierung, aus dem ununterbrochen ein dünner Wasserstrahl austritt. Mit angenehmem Plätschern fließt er in einen Zulauf des Darmbachs. Die alte Inschrift über dem Löwenkopf verrät das Jahr der Errichtung des Brunnens: 1886. Er ist ein beliebtes Ziel für Wanderer und Radfahrer, die sich hier erfrischen und ausruhen können. Das reine Quellwasser ist trinkbar und bietet eine Abkühlung für Hände und angestrengte Füße.
Von der Schutzhütte auf einer kleinen Anhöhe, auch Albertshütte genannt, genießen Wandersleute die Sicht in die kleine Waldlichtung und können gut beobachten, wie sich die beiden glitzernden Bachläufe treffen. Zum Glück ist die Hütte da, denn sie ist auch dann ein schützender Zufluchtsort, wenn das Wasser mal von oben kommt.

- Albertsbrunnen, Albertsbrunnenweg, 64287 Darmstadt
- ÖPNV: Odenwaldbahn RB81, RB82, Haltestelle TU Lichtwiese/Bahnhof (15 Min. Fußweg); Tram 2, Bus L, Haltestelle TU Lichtwiese/Campus (20 Min. Fußweg)

Sportlich, sportlich

Aktiv im Bürgerpark Nord

Sportskanonen, aufgepasst! Wer sich in Darmstadt in freier Natur austoben will, der ist hier genau richtig und findet eine Vielzahl an Sport- und Spielmöglichkeiten, die in der gesamten Stadt auf so kurzer Distanz ihresgleichen sucht. Und das ohne einen Cent Eintritt zahlen zu müssen. Der nördliche Teil des Bürgerparks Nord besteht aus einem wunderschönen Landschaftspark. Einen idyllischen Zugang zu diesem Teil bietet die Kastanienallee von der Kranichsteiner Straße im Osten oder von der Eissporthalle im Westen aus. Die sanften Hügel und stillen Seen entlang geschwungener Pfade laden auf den Parkbänken zum Verweilen ein.

Sprichwörtlich ein Höhepunkt des Landschaftsparks ist der Watzebuckel, ein künstlich angelegter, etwa 22 Meter hoher Aussichtshügel mit herrlichem Blick über den gesamten Park und die umliegende Stadt.

Wer von hier in den südlichen Teil des Parks unterwegs ist, kommt nach einer großen Spiel- und Liegewiese an eine Gabelung und betritt nun die große Sportzone. Auf dem westlichen Weg erscheint nach gut 200 Metern das „Freiluft Gym", wo sich Menschen in hipper Sportkleidung an verschiedenen Geräten auspowern. Weiter führt der Weg am frisch modernisierten Nordbad vorbei zu den Sportplätzen ganz im Süden. Auf der rege genutzten Fläche mit Basketballplätzen, einem Bolzplatz, Tennisplätzen und Volleyballfeldern geht es meist sehr lebhaft zu. Auch die Skater und BMX-Fahrer kommen im 2500 Quadratmeter großen Bikepark voll auf ihre Kosten. Er gehört zu den größten und modernsten in Deutschland. Eher in Sachen Leichtathletik unterwegs? Dazu lädt ein Stadion mit acht Kunststofflaufbahnen und einer großen Rasenfläche ein. Für Jogger hat die betreibende Darmstädter Sportstätten Gesellschaft (DSG) fünf Laufstrecken entwickelt, die auf Aushängen und über deren Website einsehbar sind.

Bis Anfang der 1970er-Jahre war das Gelände von Kleingärten und Tongruben geprägt. Die Verwandlung ist gelungen und ein Glück für alle Bürger, die den Park nun fleißig nutzen.

● Bürgerpark Nord, 64289 Darmstadt
www.darmstaedter-sportstaetten.de
● ÖPNV: Bus H, Haltestelle Kastanienallee; Bus L, Haltestelle Heinheimer Straße; Tram 4, 5, Haltestelle Eissporthalle

Grüne Lunge der Stadt

Im Herrngarten

Ganz bescheiden werden die meisten Parks in Darmstadt als Garten bezeichnet, so auch der zentral gelegene, größte und älteste Park: der Herrngarten. Unweit des Residenzschlosses liegt eine grüne Wohlfühloase, die ursprünglich einmal aus vielen verschiedenen kleineren Gärten bestand. 1766 veranlasste Landgräfin Caroline die Umwandlung in einen englischen Park. Bis zu jener Zeit nur dem Adel vorbehalten, eröffnete Großherzog Ludwig I. den Herrngarten Anfang des 19. Jahrhunderts für die allgemeine Bevölkerung.
Welch ein Glück, dass man nun selbst Zutritt hat und sich dabei etwas adlig fühlen darf. Die großzügigen Parkwiesen unter malerischen Baumgruppen laden zum Lesen, Picknicken, Ballspielen oder zum Faulenzen ein. Hier verabreden sich Freunde zu Aktivitäten im Grünen oder wählen den Park als Treffpunkt zu weiteren Unternehmungen in der City. Zwei Spielplätze geben auch den Jüngsten ein passendes Angebot, sich auszutoben. Insbesondere auf dem Aktivspielplatz am nördlichen Ende freuen sich Kids auf vielseitige Aktivitäten, für die Sportfelder, eine Seilbahn, eine Tischtennisplatte und eine Lagerfeuerstelle zur Verfügung stehen. Am Spielplatzrand lädt der etwa 15 Meter hohe Herrngartenberg kleine und große Besucher zum Klettern ein. Auch das Element Wasser zaubert ein entspanntes Lächeln in die Gesichter: An einem kleinen Teich mit einer großen Fontäne gibt es viele Sitzgelegenheiten, um die malerische Kulisse auszukosten. Neben einem Musikpavillon sorgt ein Café-Restaurant mit Außengastronomie für das leibliche Wohl der Parkbesucher. Lange Zeit gab es im Herrngarten keine Möglichkeit zum Einkehren. Mit der Umgestaltung zum Volkspark wurde im Jahr 1927 erstmals ein Café in einem barocken Gartenhaus eingerichtet. Es wurde im Krieg zerstört und erst im Jahr 2003 am gleichen historischen Standort als Neubau wiedereröffnet. Hier kann man an einem Sommerwochenende zu einem Glas Wein einem Promenadenkonzert lauschen. Diese Verwöhnpause hat man sich verdient.

● Herrengarten, 64283 Darmstadt
● ÖPNV: diverse Linien, Haltestelle Schloss oder Willy-Brandt-Platz

Auf zum Welterbe

Die Erich-Ollenhauer-Promenade

Wer von der Darmstädter Innenstadt zur Mathildenhöhe aufsteigen will, kann eine der beiden lauten Verkehrsschlagadern wählen, die Alexanderstraße oder die Landgraf-Georg-Straße. Stilvoller ist allerdings die 2011 und 2012 komplett sanierte Erich-Ollenhauer-Promenade in Richtung Osten. Als grüne Fußgängerverbindung lädt diese Promenade zum Flanieren zwischen der Darmstädter Innenstadt und dem UNESCO-Welterbe ein. Sie wurde 1960 geplant, um die historische und kulturelle Bedeutung der Mathildenhöhe zu betonen, die als Zentrum des Jugendstils gilt.
Zu Beginn führt ein breiter Weg südlich am modernen Darmstadtium vorbei. Als natürlicher Kontrast zur schrägen, gläsernen Architektur des Kongresszentrums ist der Weg bereits ab hier mit bepflanzten Flächen, Holzbänken und Skulpturen versehen. Ab dem Fraunhofer Institut für grafische Datenverarbeitung wird der Weg schmaler, begleitet von Bäumen, Stauden und duftenden Blühsträuchern auf beiden Seiten. Die Promenade schließt im weiteren Verlauf einen Teil der 800 Jahre alten Stadt- und Gefängnismauer ein. Hier besteht die Möglichkeit, die ehemalige geschichtsträchtige Befestigung um die Alte Vorstadt zwischen zwei parallel verlaufenden Mauern zu durchschreiten. Das Gefängnis wurde 1970 abgerissen. Heute ist die Anlage ein Raum zur Erholung und Erinnerung. Auch Ausstellungen sind manchmal zu sehen. In Höhe der Stiftsstraße weitet sich das Feld zu einer grünen Rasenfläche als Vorbote zur Mathildenhöhe. In der Ferne ist bereits die markante Silhouette des Hochzeitsturms zu erkennen. Der südlich verlaufende und weiterhin barrierefreie Nikolaiweg führt hinauf zur Russischen Kapelle. Die Erich-Ollenhauer-Promenade setzt sich parallel und treppenartig Richtung Olbrichweg fort und ist mit vielen kleinen Brunnen verziert. Wer vor der Besichtigung der Mathildenhöhe noch einmal tief Luft holen will, kann hier auf den vielen Bänken neben plätscherndem Wasser durchatmen.

- Erich-Ollenhauer-Promenade, 64283 Darmstadt
- ÖPNV: diverse Linien, Haltestelle Schloss; Bus F, FM, Haltestelle Lucasweg/Mathildenhöhe

Unter den Sternen

Open-Air-Kino im Amphitheater

Das Filmseher Open-Air-Kino auf der Freilichtbühne im Seeheim-Jugenheimer Schuldorf Bergstraße ist jedes Jahr von Juni bis September ein ganz besonderes Kinoerlebnis. Auf einer großen Leinwand kann man dort unter freiem Himmel feinstes Programmkino und Klassiker genießen. Bevor Filmfans hinter der Kasse die mit Windlichtern beleuchteten Treppenstufen in das denkmalgeschützte Amphitheater hinabsteigen, lockt der Biergarten am Eingang mit kühlen Getränken und leckeren Bratwürsten und Snacks. Wie auch sonst im Kino dürfen Speisen und Getränke mit zum Platz genommen werden. Nach einer Vorschau auf das kommende Programm geht es los. Wenn der Vorspann beginnt, wird es ganz still. Der Wind streicht durch die Blätter der umliegenden Bäume. Kommt das Rascheln aus den Lautsprechern oder doch aus der Natur? Man muss einfach selbst erleben, wie bezaubernd beides manchmal miteinander verschmilzt. Fast so, als ob die große Leinwand einzig für den freien Nachthimmel unter den funkelnden Sternen erschaffen wurde.

TIPP

Liegestuhlauflagen, Kissen und Decken mitnehmen, für einen kuscheligen Kinoabend.

Mareike Rückziegel und ihr Mann, beide leidenschaftliche Filmseher, gründeten das Open-Air-Kino im Jahr 2000. Sie begannen mit einfachem Equipment und wenigen Spieltagen, aber ihr Projekt wurde schnell beliebt und wuchs stetig. Das anspruchsvolle, abwechslungsreiche Programm von Komödien über Dramen bis zu Thrillern und Musicals sorgt für viel Enthusiasmus. Beliebt sind auch zusätzliche Liveveranstaltungen, Kabarettabende und Poetry-Slams. Hier sollten Tickets bereits weit im Voraus reserviert werden. Früher wurden noch zwei große, schwere Filmrollen in den Vorführcontainer getragen. In der Mitte des Films musste die Rolle gewechselt werden. In dieser Pause konnte das Publikum Nachschub aus dem Biergarten holen. Inzwischen ist das Filmseher Open-Air-Kino eine feste Institution in der Region, das in einer Saison Tausende Besucher mit professioneller Kinotechnik unter freiem Himmel in seinen Bann zieht.

- Schuldorf Bergstraße Freilichtbühne, Sandstraße 1, 64342 Seeheim-Jugenheim
- ÖPNV: Tram 6, 8, Haltestelle Seeheim Neues Rathaus (20 Min. Fußweg)

GGEW

Ja-Wort im Wald

Die Dianaburg mit Trauzimmer

In der Nähe des kultigen Gartenlokals „Zum alten Forsthaus Kalkofen" befand sich ein barockes Jagdschloss am Waldrand auf der Gemarkung des heute zu Darmstadt gehörenden Stadtteils Arheilgen. Landgraf Ludwig VIII. ließ die achteckige Dianaburg 1765 erbauen. Namensgeberin war Diana, die römische Göttin der Jagd. Das Jagdschloss war als Geburtstagsgeschenk für seinen Sohn und späteren Nachfolger, Ludwig IX., gedacht. Landgraf Ludwig IX. schaffte in seiner Landgrafschaft die Parforcejagd ab, um den Lebensraum für Wildtiere zu schützen. Dadurch verlor das Jagdschlösschen Dianaburg an Bedeutung und wurde 1808 abgerissen. Großherzog Ludwig III. ließ aus Interesse an der Geschichte 1836 einen schlichten einstöckigen Jagdpavillon wieder aufbauen, der den gleichen Namen trägt.

Die Dianaburg liegt auf einer Anhöhe an einem Rundweg um den kleinen Jagdpavillon. Von diesem Rundweg führen sechs Schneisen in den Wald. Über die Calypsoschneise gelangt man zum Dianateich, einem friedlichen Ort, der bereits um 1600 als Fischteich angelegt wurde. Karpfen und Schleien waren die beliebtesten Fischarten, die zur Versorgung der großen landgräflichen Haushalte beitrugen.

Nach einer Grunderneuerung 2007 auf Initiative des zuvor gegründeten Fördervereins Dianaburg haben Brautpaare seit August 2012 die Möglichkeit, sich in der entspannten Atmosphäre und idyllisch grünen Kulisse der Dianaburg standesamtlich trauen zu lassen. Ein Ort, an dem Liebe und Glück Hand in Hand gehen.

Die Dianaburg liegt etwa 2,5 Kilometer nordöstlich von Jagdschloss Kranichstein und ist leicht zu erreichen. Vom Parkplatz nördlich des Bahnübergangs an der Landstraße zwischen Darmstadt-Kranichstein und Messel führt ein Waldweg entlang der Silzwiesen (Glücksort 62) direkt zur Dianaburg. Von Arheilgen erreicht man die Dianaburg über den Kalkofenweg via Forsthaus Kalkofen (Glücksort 52), dessen Biergarten sich bei einer Dianaburg-Tour an einem sonnig-warmen Tag zum Einkehren eignet. Ein heißer Tipp für schattiges Glück, das die großen Bäume ringsum spenden.

● Dianaburg, 64291 Darmstadt
● ÖPNV: RB75, Bahnhof Darmstadt-Kranichstein (35 Min. Fußweg); Tram 6, 8, Haltestelle Löwenplatz (50 Min. Fußweg)

Zurück zur Natur

Auf dem Alnatura Campus

Als die Zentrale des wachsenden Biohändlers Alnatura in Bickenbach an der Bergstraße zu klein wurde, fand man am südwestlichen Zipfel Darmstadts auf einem ehemaligen amerikanischen Militärgelände einen passenden Fleck. Im Jahr 2019 war der Umzug auf den neuen Alnatura Campus abgeschlossen. Inklusive grüner Glücksmomente, denn ein frei zugänglicher Entdeckungspfad demonstriert eindrucksvoll, wie die ehemalige Kaserne zu ihrem Ursprung als Naturlandschaft zurückfindet. Das Privatgelände ist zwischen Mai und Oktober öffentlich zugänglich. Es ist ein Lehrpfad, der alle Sinne anspricht, auf dem es viel zu entdecken gibt und der zum Ausprobieren und Mitmachen anregt. Dazu gehören Magerwiesen, in denen sich Zauneidechsen heimisch fühlen, Kräutergärten, Blumen- und Streuobstwiesen und ein Weingarten. Die wetterfesten Infotafeln am Wegesrand werden wie bei einem Aktenordner mit einem Bügel zum Blättern zusammengehalten. Wer den Lehrpfad gehen möchte, sollte mindestens 1 Stunde einplanen. Für Veranstaltungen und Führungen bietet der Pfad einen Marktplatz und ein Amphitheater. Zudem können eigene Biogartenflächen angemietet werden, die das Unternehmen Ackerhelden mit voller Ausstattung Hobby-Gärtnern zur Verfügung stellt.

Herzstück des Alnatura Campus ist das europaweit größte Bürogebäude, dessen Außenfassaden aus Lehm hergestellt sind, die sogenannte Alnatura Arbeitswelt. Lehm ist ein natürlicher Baustoff, der viele Vorteile hat, wie eine hohe Wärmespeicherfähigkeit, eine gute Schalldämmung und eine positive Wirkung auf das Raumklima. Der Campus verfügt neben einer Photovoltaikanlage für die Stromerzeugung auch über eine Geothermieanlage, die das Gebäude mit Erdwärme klimatisiert. Nachhaltig. Nach der Entdeckungstour kann man sich im Biorestaurant tibits ein leckeres vegetarisches oder veganes Gericht gönnen. Das Restaurant ist durch den Alnatura-Haupteingang zugänglich und hat auch eine Außenterrasse. Hier kann man die natürliche Seele des Gebäudes vor grüner Kulisse spüren.

TIPP

Sich den leckeren Brunch am Wochenende oder einen After-Work-Special im tibits gönnen.

● Alnatura Campus, Mahatma-Gandhi-Straße 7, 64295 Darmstadt
● ÖPNV: Bus H, Haltestellen Mahatma-Gandhi-Straße oder Kleyerstraße (5 Min. Fußweg); Bus 40, Haltestelle Forstweg

Grüne Terrassen

Im Wolfskehl'schen Park

Der Park ist nach der Familie Wolfskehl benannt, die hier eine prächtige Villa im Stil der Gründerzeit errichten ließ. Otto Wolfskehl stammte aus einer bedeutenden jüdischen Familie, die seit dem frühen 18. Jahrhundert in Darmstadt ansässig war. Er war Stadtverordnetenvorsteher, ein Pionier des Eisenbahnwesens, an der Rettung und dem Ausbau der Technischen Hochschule maßgeblich beteiligt und gründete zusammen mit anderen Darmstädter Persönlichkeiten den BAUVEREIN für Arbeiterwohnungen. Die Villa wurde im Zweiten Weltkrieg zerstört, aber das Teehäuschen im Biedermeierstil ist noch erhalten und ein schönes Beispiel für die Architektur der damaligen Zeit. Das über einem quadratischen Grundriss erbaute, zweigeschossige Gebäude ist mit einem Belvedere und einem Pyramidendach ausgestattet. Es befindet sich heute in Privatbesitz. Der Park, eine terrassenartige Anlage auf dem sogenannten Galgenberg mit altem Baumbestand, lädt zum Spazierengehen und Entspannen ein. Früher standen auf dem Berg Weinreben. Majestätische Eichen, Buchen und Kastanien bieten das ganze Jahr über eine farbenfrohe Kulisse. Die verschlungenen Wege mit vielen Sitzgelegenheiten ziehen neugierige Spaziergänger an. Unweit des Teehäuschens thront eine Kopie der Skulptur Darmstadtia aus rotem Sandstein, die Schutzpatronin der Stadt Darmstadt. Sie trägt in der rechten Hand ein Schwert, in der linken einen Schild mit Stadtwappen und auf dem Kopf eine Zinnenkrone. Das restaurierte Original ist heute im Kongresszentrum Darmstadtium untergebracht. Kinder lieben den Spielplatz mit verschiedenen Geräten zum Toben und Spaß haben. An heißen Sommertagen können sich die Kleinen auf einem Wasserspielplatz unter Sprühnebelduschen ins erfrischende Nass begeben. Im Winter kommt am Westhang des Parks der Schlitten auf einer kleinen Rodelbahn zum Zuge.

- Wolfskehl'scher Park, Karlstraße, 64285 Darmstadt
- ÖPNV: Tram 3, Haltestelle Goethestraße

In Goethes Fußstapfen

Rund um den Herrgottsberg

Vom Parkplatz am Böllenfalltor führt ein kleiner schmaler Weg hinauf auf den Herrgottsberg. Nach gut 1 Kilometer ist das Plateau der sagenumwobenen Anhöhe erreicht. Hier laden ein Waldspielplatz und Bänke zum Ausruhen und Verweilen ein. Der Sage nach sollen die Bewohner des Stadtteils Bessungen den Teufel persönlich unter einem Vorwand dazu gebracht haben, eine Kapelle zu bauen. Als er merkte, dass er getäuscht worden war, versuchte er vergeblich, die Kapelle mit einem Felsblock zu zerstören. In dem Fels auf dem Gipfel des Herrgottsbergs sollen die Krallen des Teufels immer noch sichtbar sein. Um zu dem auch Teufelskralle genannten Granitblock zu gelangen, braucht man allerdings gutes Schuhwerk. Ebenso wird der Felsen Goethefelsen genannt. Das mag daran liegen, dass Goethe diesen schönen Ort für sich entdeckt hatte und ihn mit seinen Freunden vom Kreis der Empfindsamen genoss. Dieser Freundschaftsbund fand sich zwischen 1771 und 1773 zusammen, um die Umgebung Darmstadts zu erkunden, Kulturabende zu veranstalten und sich auszutauschen.
Neben dem Goethefelsen führt ein Weg Richtung Südwesten vom Berg hinunter, an dessen Fuß der Goetheteich zu finden ist. Er wurde in den 1970er-Jahren angelegt und wird vom Herrgottsbergbach gespeist. Wenige Meter vom Gewässer entfernt erinnert eine 1871 eingeweihte Gedenktafel an den großen Dichter. Der Goetheteich ist gleichzeitig ein Standort für den Internationalen Waldkunstpfad (Glücksort 71), der sich durch naturverbundene Kunstwerke besonders auszeichnet. Von hier führt ein Weg um den Herrgottsberg herum zurück zum Parkplatz. Wer nach dem Rundgang noch eine Stärkung zu sich nehmen will, dem sei das gemütlich rustikale Restaurant Bölle neben dem Parkplatz empfohlen, zu dem auch ein im Wald eingebetteter Biergarten gehört. Hier wird als regionale Spezialität die Frankfurter Grüne Soße aufgetischt. Warum nicht mit der Leibspeise des großen Dichters abschließen? Goethe war auch ein großer Genussmensch.

- Parkplatz am Restaurant Bölle, Nieder-Ramstädter Straße 251, 64285 Darmstadt
- ÖPNV: Tram 5, 9, Bus N, NE, O, R, Haltestelle Böllenfalltor

Schatztruhe im Grünen

Das Altstadtmuseum Hinkelsturm

Am Ende der Lindenhofstraße zwischen Stadtbibliothek und Jugendstilbad in der Darmstädter Innenstadt tritt ein imposantes Mauerwerk in Erscheinung. Genauer gesagt handelt es sich um eine Doppelmauer. Die etwa 1,2 Meter dicke, innere Mauer wurde zuerst errichtet. Die äußere Mauer ist rund 60 Zentimeter dick.

Ein Grünstreifen entlang der äußeren Mauer lädt zu einem Streifzug ein. Vor der Mauer an der Westseite führt eine Treppe auf einen kleinen steinernen Platz. An der Treppe erinnert ein kleines Modell an die Altstadt, die bei einem Bombenangriff im September 1944 nahezu vollständig zerstört wurde. Als wehrhaftes Bollwerk ist die Stadtmauer an dieser Stelle noch gut erhalten. In regelmäßigen Abständen zieren oben rund zulaufende Nischen die Mauer, die ab dem Jahr 1330 aus Bruchsteinen mit viereckigen Wehrtürmen erschaffen wurde. Eine der Nischen beherbergt das Kanzlerbrünnchen, einen historischen Wandbrunnen aus Sandstein mit zwei Löwenköpfen, die Wasser in das Brunnenbecken speien. Oberhalb des Brunnens ist eine Gedenktafel zu Ehren der ehemaligen Altstadt angebracht.

Gleich daneben erhebt sich der einzige noch erhaltene Wehrturm als Teil der von Nord nach Süd verlaufenden Stadtmauer: der 16 Meter hohe Hinkelsturm. Ganz oben im Hinkelsturm wird die Geschichte der ehemaligen Darmstädter Altstadt wieder lebendig. Das Altstadtmuseum im oberen Teil des Turms ist über einen Zugang zwischen der doppelten Stadtmauer von der Nordseite über eine Metalltreppe erreichbar. Das kleine, feine Museum im Hinkelsturm erstreckt sich über drei Etagen und dokumentiert das Leben in dieser historischen Umgebung. Jede Etage hat eine Fläche von 4 mal 4 Metern. Ein detailgetreues Modell der Häuser und Gassen im Maßstab 1:160 veranschaulicht eindrucksvoll die Enge der Altstadt. Die grüne Fläche rund um den Hinkelsturm bietet einen ruhigen Rückzugsort. Hier kann man die Geschichte auf sich wirken lassen und sich vorstellen, wie die alten Mauern die Stadt einst vor Eindringlingen schützten.

● Altstadtmuseum Hinkelsturm, Lindenhofstraße, 64283 Darmstadt
www.heimatverein-darmstadtia.de
● ÖPNV: diverse Linien, Haltestelle Schloss

Idyllisches Flussufer

Entlang der Modaupromenade

Wer liebt es nicht, zu Fuß oder mit dem Fahrrad entlang eines plätschernden Flüsschens unterwegs zu sein? Im Süden Darmstadts gibt es eine solche grüne Oase entlang der Modau. Die Modaupromenade, ein beliebter Ort für Spaziergänger und Radfahrer im Stadtteil Eberstadt, wurde seit der Eröffnung im Jahr 1982 mehrmals erweitert. Sogar eine Auszeichnung erhielt sie im Jahr 1988 beim Landeswettbewerb Ökologische Erneuerung unserer Städte und Gemeinden.

Empfehlung für den Start einer Tour entlang der Modaupromenade ist der kleine Wasserfall in der Nähe der Kaisermühle an der Mühltalstraße. Von hier startet die Wanderung oder Radtour entlang der gut ausgeschilderten Modau-Radroute Richtung Westen auf angenehmen Wegen. Am Wegesrand ziehen zahlreiche Frucht- und Nussbäume vorbei. Hunde freuen sich über ein Bad im kühlen Nass des Flusses. Diverse Brücken über das blaue Band bieten einen schönen Blick auf die Modau und ihre Umgebung.

TIPP

Kaffee und Kuchen im Kaffeehaus Eberstadt an der Heidelberger Landstraße 269.

Wer noch intensiver sportlich aktiv werden möchte, findet auf dem Modauzirkel an der Hirtengrundhalle einen Bewegungsparcours mit elf aufeinander abgestimmten Stationen für alle Altersklassen. Die Geräte bieten ein sanftes und ganzheitliches Trainingsprogramm unter freiem Himmel mit beschilderter Anleitung. Die Modau entspringt am Nordhang der Neunkircher Höhe, die mit 605 Metern der höchste Berg im hessischen Odenwald ist. Sie fließt als Mittelgebirgsbach durch den Odenwald und das Modautal, durchquert das südliche Darmstadt, Pfungstadt und das hessische Ried bis zur Mündung in den Altrhein bei Stockstadt.

Bevor der schmale Fluss unter Eberstadts Verkehrsschlagader Heidelberger Landstraße hindurchfließt, trifft man auf einen Spielplatz mit Schaukeln, Rutschen und Klettergerüsten. Auch einige Kunstwerke, die die Geschichte und Kultur von Eberstadt darstellen, gibt es entlang der Strecke, wie beispielsweise eine Skulptur aus Stein und Metall, die an die ehemalige Ziegelei erinnert. Zudem laden einige Cafés und Restaurants zur Einkehr ein. Was für ein Glück.

- Tempelchen am kleinen Wasserfall, Mühltalstraße 132, 64297 Darmstadt
- ÖPNV: Bus BE1, NE, Haltestelle Kaisermühle

Einzigartige Architektur

Die Jugendstilhäuser der Künstlerkolonie

Wer vom Hochplateau des Ensembles von Hochzeitsturm, Platanenhain und Russischer Kapelle über die elegante Treppe am Schwanentempel hinabschreitet, findet sich in der Welt der Künstlerhäuser wieder. Sie wurden von den Mitgliedern der Darmstädter Künstlerkolonie zwischen 1899 und 1914 entworfen und gebaut. Als einzigartige Beispiele für die Architektur und Kunst des Jugendstils dienten die Künstlerhäuser sowohl als Wohn- als auch als Arbeitsstätten und spiegelten die individuellen Vorstellungen und Stile ihrer Bewohner wider. Als Besucher der Mathildenhöhe sollte man sich diesen Teil keinesfalls entgehen lassen. Die Künstlerhäuser sind zudem Teil der Mathildenhöhe Darmstadt, die seit 2021 als UNESCO-Welterbe anerkannt ist.
Ein Übersichtsplan über alle Gebäude und Gartenanlagen ist auf einer Tafel im Gelände angebracht oder kann auf das Smartphone geladen werden. Am Fuß der besagten Treppe können Architekturbegeisterte auf dem parallel zum Park der Mathildenhöhe verlaufenden Alexandraweg flanieren. Von hier sind die Künstlerhäuser an der gegenüberliegenden Straßenseite bereits zu sehen.
„Eine Stadt müssen wir erbauen, eine ganze Stadt," verkündete Joseph Maria Olbrich. Er war einer der bedeutendsten Architekten und Gestalter der Künstlerkolonie, ein Meister der Raumgestaltung, der Lichtführung und der Anwendung verschiedener Materialien und Farben. Olbrich baute für sich und seine Familie das Haus Olbrich in einem geometrisch funktionalen Stil gleich neben dem imposanten Eingangsportal zum Museum Künstlerkolonie. Geometrisch-elegant entwarf er auch das Haus Deiters für den Verleger Alexander Koch, das an der Ecke Mathildenhöhweg und Prinz-Christians-Weg zu bewundern ist. Imposant sind auch sein Kleines Haus Glückert und sein Großes Haus Glückert, in dem heute die Akademie für Sprache und Dichtung untergebracht ist. Die Häuser der Künstlerkolonie sind von gepflegten Gartenanlagen umgeben. Noch ein Glücksfaktor!

● Jugendstilhäuser, Alexandraweg, 64287 Darmstadt
www.mathildenhoehe.eu
● ÖPNV: Bus M (Welterbe Shuttle), Haltestelle Mathildenhöhe; Bus F, FX, Haltestelle Lucasweg/Mathildenhöhe (5 Min. Fußweg)

Campusglück

Gärtnern in der Grünpause

Unweit der Haltestelle TU Lichtwiese/Campus entstand ein ganz besonderes Projekt. Es wurde von der Hochschulgruppe Nachhaltigkeit der TU Darmstadt initiiert und im Oktober 2018 eingeweiht. Es handelt sich um einen frei zugänglichen Gemeinschaftsgarten aus mehreren Hochbeeten, die auf einer Wiese zwischen dem Architekturgebäude und der Uni-Kita stehen. Der Name Grünpause – eine Abwandlung des technischen Begriffs Blaupause – passt zu einer technischen Universität. Die Grünpause lässt sich auch sinnlich erfahren. Sie bietet Studierenden und Anwohnern die Möglichkeit, gemeinsam zu gärtnern, zu ernten und sich zu erholen. Angepflanzt werden etwa Spinat, Radieschen, Mangold, Salat, Karotten, Bohnen, Rosmarin und Thymian sowie Beerensträucher. Einige Beete sind extra flach gebaut, damit auch Kinder sie ohne Mühe erreichen. Ein Schild auf einem Tank mit Gießwasser neben den Beeten ermuntert jeden, der hier vorbeikommt, zum Wässern der nahrhaften Schätze, die ja einmal geerntet werden wollen. Die Grünpause soll auch das Bewusstsein für nachhaltige Lebensstile fördern und einen Beitrag zum Klimaschutz leisten. Sie ist für alle offen, die Lust auf Mitmachen haben oder einfach nur die grüne Oase genießen möchten.

Im früheren Kanzler der TU Darmstadt, Dr. Manfred Efinger, fand die Hochschulgruppe Nachhaltigkeit einen begeisterten Mitstreiter für das Projekt und seine finanzielle Unterstützung. Er betonte das Interesse der Technischen Universität an nachhaltigen Verbesserungen von Außenanlagen auf dem Campus.

In Zukunft soll es ein Patenschaftsprogramm mit Institutionen, Vereinen und Kindergärten geben. Denn die Beete wollen dauerhaft gepflegt werden. Die Hochschulgruppe Nachhaltigkeit organisiert Vorträge und Filmvorführungen zum Thema Umwelt, nimmt an Demos und Exkursionen teil. Sie trifft sich regelmäßig und lädt interessierte Urban Gardeners und solche, die es werden wollen, zum Mitmachen ein. Frei nach dem Motto: Ein grüner Daumen macht glücklich.

● Technische Universität Darmstadt (Campus Lichtwiese), El-Lissitzky-Straße, 64287 Darmstadt, www.hg-nachhaltigkeit.de

● ÖPNV: Tram 2, Haltestelle Hochschulstadion

Lauschige Plätzchen

Im Prinz-Emil-Garten

Ein verstecktes Juwel mitten in Darmstadt ist der Prinz-Emil-Garten. Mit seiner reichen Geschichte, wunderschönen Landschaftsgestaltung und entspannten Atmosphäre ist dieser Garten ein beliebter Rückzugsort für Stadtbewohner und Besucher gleichermaßen.

Der im 19. Jahrhundert angelegte Prinz-Emil-Garten ist nach Prinz Emil von Hessen benannt, einem Förderer der Gartenkunst. Seither hat sich der Garten zu einem bezaubernden Ort entwickelt, den eine harmonische Verbindung von Natur und Kultur auszeichnet.

Beim Betreten von der Heidelberger Straße aus wird man von einer malerischen Szenerie empfangen. Sanfte Hügel, gepflegte Rasenflächen und kunstvolle Blumenbeete erfreuen das Auge. Die sorgfältig angelegten Wege laden zu einem entspannten Spaziergang ein, während sich hinter jeder Ecke neue Überraschungen verbergen. Da wären zum Beispiel das Schlösschen und der Inselpavillon, die zu den wenigen erhaltenen Gebäuden aus der ursprünglichen Zeit gehören. Von der Terrasse des Schlösschens genossen die einstigen Besitzer einen unverbauten Blick bis in die Rheinebene. Das Wasserbassin unterhalb des Schlösschens unterstrich den Eindruck von Weite.

Eine weitere Überraschung ist der Nachbarschaftsgarten des Nachbarschaftsheim Darmstadt e. V., einem Verein mit vielen kulturellen und gemeinschaftlichen Angeboten. Als ein „Park im Park" ist auf einer Fläche von 4000 Quadratmetern ein kleines Paradies entstanden, öffentlich zugänglich zwischen Mai und September nach Feierabend und am Wochenende. Auf einer Freilichtbühne gibt es Konzerte, Lesungen und Kindertheater. Lauschige Leseinseln, Hochbeete und Saisongärten zieren die gemütlichen kleinen Pfade. Ein Seefrachtcontainer wurde zum Kunstatelier umgestaltet. Und ein Foodtruck sorgt für das leibliche Wohl. Ob man eine Pause von der Hektik der Stadt braucht oder einfach nur einen inspirierenden Ort sucht, um sich an der Schönheit der Natur zu erfreuen, der Prinz-Emil-Garten ist definitiv einen Besuch wert.

● Prinz-Emil-Garten, Heidelberger Straße 56, 64285 Darmstadt
www.nbh-darmstadt.de
● ÖPNV: Tram 1, 7, 8, Haltestelle Prinz-Emil-Garten

Die Stille genießen

Auf der Kraftsruhe

Idealer Ausgangspunkt für eine Wanderung zur Kraftsruhe am südöstlichen Rand des Paulusviertels ist das Stadion am Böllenfalltor, der Heimrasen des SV Darmstadt 98. Gegenüber vom Parkplatz des Stadions beginnt der Steinbergweg. Auf Höhe der Hobrechtstraße führt ein schmaler Fußweg an einer Kleingärtneranlage des Gartenbauvereins Darmstadt vorbei Richtung Süden in eine stark bewaldete Erhebung. Ab dem Jahr 1870 ließ Friedrich Kraft, Präsident des großherzoglichen Hofgerichts und Naturliebhaber, den Steinberg mit Blumen, Bäumen und Sträuchern bepflanzen. Heute ringsum bewachsen, hatte man damals einen weiten Blick auf die Rheinebene. Auch ein Aussichtsturm war hier geplant, wurde aber nie realisiert. Nach dem Tod von Friedrich Kraft ließen seine Kollegen zum Gedenken auf den größten der dort liegenden Felsen eine Inschrift mit dem Titel Kraftsruhe setzen, die dieser stillen Kraftoase ihren Namen gab.

Auf dem Weg dorthin gabelt sich der Weg. Ein Wegweiser zeigt nach links. Doch beide Wege führen zum Felsen, bieten aber eine Aussicht aus verschiedenen Blickwinkeln. Über den Weg nach links kann der große Fels imposant von unten betrachtet werden. Die rechte Abzweigung führt dagegen direkt zum Fels, wo man die Inschrift aus der Nähe betrachten kann. Ein schöner Ort, um ein wenig innezuhalten und dem Wegbereiter für diesen Glücksmoment zu gedenken. Zum Abstieg von der Kraftsruhe führt alternativ ein Weg weiter gen Süden zum Heinrichwingertsweg, über den man zurück in Richtung Stadion gelangt.

Heute ist dieser Berg ein Naturdenkmal, das von seltenen und geschützten Flechten bewachsen ist. Flechten sind faszinierende Organismen, die aus einer Symbiose von Algen und Pilzen entstehen. Sie haben einen hohen Lichtbedarf und reagieren entsprechend empfindlich auf Beschattung. Deswegen sind sie nur an wenigen Stellen in der Stadt zu finden. Ein guter Grund, sich eine Pause vom Großstadttreiben zu gönnen, denn das grüne Glück liegt so nah.

- Kraftsruhe, zwischen Steinbergweg und Heinrichwingertsweg, 64285 Darmstadt
- ÖPNV: Tram 5, 9, Haltestelle Merck-Stadion

Aus eigenem Bioanbau

Das Oberfeld und sein Hofgut

Wer Lust auf bäuerliches Landleben verspürt, muss von Darmstadt aus nicht weit aufs Land fahren. Am südwestlichen Rand des Oberfelds, das sich östlich der Rosenhöhe erstreckt und zu den letzten landwirtschaftlich genutzten Flächen innerhalb der Stadtgrenzen gehört, lohnt ein Besuch des Hofguts Oberfeld. Der letzte Bauernhof in der Kernstadt Darmstadt wird durch seine ökologische Bewirtschaftung aufgewertet. Doch das Hofgut Oberfeld ist weit mehr als nur ein Biobauernhof.

Ein beliebter Treffpunkt ist das Hofcafé. Hinter dem Eingang in den Hof sitzen bei schönem Wetter Besucher auf der Terrasse oder auf der Wiese unter weißen Pagodenzelten und genießen selbstgebackenen Kuchen, frische Limonaden und fair gehandelte Espresso-Spezialitäten. Morgens gibt es Frühstück und mittags hausgemachte Suppen. Im Hofladen gleich nebenan können viele Produkte aus hofeigener Erzeugung erworben werden, darunter Käsesorten aus der eigenen Hofkäserei, hofeigenes Rind- und Kalbfleisch, Wurst und Schinken an der Biofleischtheke, frisch gelegte Eier und Molkereiprodukte, Holzofenbrot und natürlich Obst und Gemüse.

Das Hofgut hat auch einen Saisongarten, wo man sein eigenes Gemüse anbauen und ernten kann. Dafür kann man für eine Saison eine Parzelle mieten und bekommt eine fachkundige Anleitung. Eine schöne Möglichkeit, die Freuden des Gärtnerns zu erleben und gleichzeitig sein eigenes frisches Gemüse zu ernten.

Das Hofgut Oberfeld ging aus einer Bürgerinitiative hervor und wird nun im Rahmen einer kleinen Aktiengesellschaft als Unternehmen mit Bürgerbeteiligung geführt. Es ist auch ein Lernort, an dem Kinder und Erwachsene mehr über die Landwirtschaft und die Herkunft unserer Lebensmittel erfahren können. Dazu werden Führungen und Veranstaltungen angeboten. Eine Attraktion auf dem Hofgut sind die Blumenfelder zum Selbstpflücken. Hier kann man eigene Blumensträuße zusammenstellen und die frische Schönheit der Natur mit nach Hause nehmen. Was für ein Glück.

- Hofgut Oberfeld, Erbacher Straße 125, 64287 Darmstadt
- ÖPNV: Bus GB, MO1, RH, Haltestelle Hofgut Oberfeld

Exotisches Flair

Die Orangerie und ihr mediterraner Park

Wer es exotisch mag, sollte in der warmen Jahreszeit in den Park der Orangerie im südlichen Stadtteil Bessungen kommen. Er ist einer der vielen Grünanlagen, die zunächst nur der höfischen Gesellschaft für Feste und Zusammenkünfte vorbehalten waren. Erst im Jahr 1802 erhielt die Öffentlichkeit Zugang zum Park. Welch fürstliches Glück, durch die gepflegten Gärten zu spazieren und die bunten Blumenbeete zu bewundern. Der Park war bereits Schauplatz mehrerer Gartenbauausstellungen und ist zu jeder Jahreszeit ein Erlebnis. Besonders im Frühling und Sommer, wenn die Orangenbäume blühen und ihren süßen Duft verströmen. Baumalleen säumen die symmetrische barocke Anlage mit ihren breiten Achsen und Fontänen. Hier flanieren die Darmstädter und lassen die Seele baumeln. Auch prominente Besucher wie Angela Merkel, Jean-Claude Juncker und Henry Kissinger hat die Stadt hier empfangen. Zum Orangeriegarten gehört auch ein Lesegarten, in dem regelmäßig Literaturveranstaltungen unter freiem Himmel stattfinden. Vierbeiner freuen sich über die Hundewiese am Rand des Parks. Kindern und sportlich Aktiven stehen zwei Ballsportfelder und ein Kinderspielplatz zur Verfügung.

Die Orangerie am nördlichen Parkrand wurde als barockes Schlösschen im 18. Jahrhundert zur Überwinterung kälteempfindlicher, exotischer Pflanzen erbaut, die in der warmen Jahreszeit im Park standen. Sie wurde 1719 bis 1721 nach Entwürfen des bekannten Architekten Rémy de la Fosse erbaut. Heute wird die Orangerie mit benachbartem Restaurant für Lesungen, Tagungen, Konzerte und weitere Veranstaltungen genutzt. Wie zu Beginn zieren im Sommer Südfrüchte und Palmen in großen Kübeln die Parkwege und sorgen für ein besonderes mediterranes Flair. Als ihr Winterquartier wurden neue Gewächshäuser gebaut. Auf dem sandigen Vorplatz zur Parkseite kann man Boulespieler beobachten, die eine ruhige Kugel schieben. Ein Ort zum Verweilen, an dem Urlaubsgefühle aufkommen.

● Orangerie, Bessunger Straße 44, 64285 Darmstadt
● ÖPNV: Tram 3, Haltestelle Orangerie

Abtauchen ins Glück

Im Graben des Residenzschlosses

Museum geöffnet! Das steht auf dem Schild vor dem nördlichen Tunneleingang zum Residenzschloss. Sehr zu empfehlen, doch bevor es ins Schlossmuseum oder ins idyllische Schlosscafé geht, bitte einmal nach links oder rechts umdrehen. An beiden Seiten sind Treppenstufen, die zum Abtauchen in einen grünen Natur- und Kulturgürtel einladen.

Heute ist es kaum mehr zu glauben, dass der Schlossgraben ursprünglich mit Wasser gefüllt war, das aus dem Darmbach und den Abwässern der Altstadt kam. Dies verursachte im Sommer einen unangenehmen Geruch, bis der Landbaumeister Johannes Hess im Jahr 1814 eine Trockenlegung der Anlage und die Umwandlung in einen botanischen Garten vorschlug. Er umgab das im 16. Jahrhundert erbaute Residenzschloss, den ehemaligen Wohn- und Verwaltungssitz der Landgrafen und Großherzöge von Hessen-Darmstadt. Heute wird es größtenteils von der Technischen Universität Darmstadt genutzt.

Der Botanische Garten ist inzwischen mehrfach umgezogen und im Landschaftspark Lichtwiese zu finden. Als Schlosspark ist der Graben erst in den 2000er-Jahren mithilfe von Darmstädter Bürgern von der Technischen Universität in mehreren Etappen umgestaltet worden. Seit September 2023 kann die Öffentlichkeit um das ganze Schloss im grünen Graben lustwandeln.

Im östlichen Teil, nach der Begrüßung durch einen Schwarm Spatzen in den Bäumen an der Grabenmauer, sprüht eine Fontäne in einem kleinen Teich ihr Wasser in die Luft. Sitzbänke direkt davor und am Wegesrand laden zum Verweilen ein. Durch die Vertiefung ist vom stark befahrenen City Ring und dem Trubel in der Innenstadt wenig zu hören. In Erinnerung an den früheren Botanischen Garten wurden an der Wallmauer wunderschöne neue Beete angelegt. Zudem wurde die Anlage mit Wildblumenwiesen und Staudenbeeten bepflanzt. Um das Schloss und seinen Graben herum wird einmal im Jahr das größte Innenstadt-Musikfestival Hessens gefeiert. Beim Schlossgrabenfest beglücken auf mehreren Livebühnen sowohl international bekannte Bands als auch regionale Musiker und Nachwuchstalente ihre Zuhörer.

TIPP

Im Anschluss an einer Ausstellung oder Themenführung im Schlossmuseum teilnehmen.

● Residenzschloss Darmstadt, Marktplatz, 64283 Darmstadt
● ÖPNV: diverse Linien, Haltestelle Schloss

Aktives Naturparadies

Der Freizeitpark Steinbrücker Teich

Stadtnahe Aktivitäten in der Natur für die ganze Familie gesucht? Dann ist der Freizeitpark Steinbrücker Teich genau das Richtige! Nur 2 Kilometer östlich vom Darmstädter Zentrum entfernt, bietet er viele Attraktionen für Groß und Klein.

Vom Parkplatz und der Bushaltestelle ist bereits Jauchzen und Lachen zu vernehmen. Magisch angezogen werden Besucher vom glitzernden Gewässer, auf dem Tret- und Ruderboote in See stechen. Vom Wasser aus kann man die schöne Waldlandschaft am Rand des Sees genießen und die Seele baumeln lassen. Der See wird durch den Ruthsenbach gespeist, der unter einer alten Steinbrücke hindurchfließt, nach der das Gewässer benannt ist. Wer seine Geschicklichkeit testen will, kommt auf der benachbarten Minigolfanlage auf seine Kosten. Gleich daneben toben, klettern, schaukeln und rutschen die Kleinsten auf einem großen Abenteuerspielplatz. Hier warten verschiedene Schaukeln, jede Menge Sand in der Kiste, Sandräder, Klettergeräte, Rutschen, ein Gartenschach, Tischtennisplatten, ein Volleyballnetz und im Sommer ein Wasserspielplatz. Wer sich wie ein Cowboy oder Cowgirl fühlen will, hat von April bis Oktober die Möglichkeit zum Ponyreiten. Die Reitanlage findet man etwas weiter südlich im Wald. Auf den großzügigen Liegewiesen wird gegrillt, gepicknickt, entspannt oder Ball gespielt. Bälle und Schläger können auch ausgeliehen werden. Im angrenzenden Restaurant Oberwaldhaus kann man sich nach dem Freizeitvergnügen mit leckeren Speisen und Getränken stärken. Im Sommer ist vor dem Eingang zum Restaurant ein Biergarten geöffnet. Zudem ist der Steinbrücker Teich ein idealer Ausgangspunkt für Wanderungen durch die herrliche bewaldete Natur. In nur 20 Minuten führt ein Waldweg zum Jagdschloss Kranichstein (Glücksort 77) und zum Bioversum (Glücksort 9). In der entgegengesetzten Richtung gelangt man zu den Scheftheimer Wiesen und der Menhiranlage (Glücksort 74). Für diese Tour braucht man eine halbe Stunde. Einfach malerisch.

● Parkplatz Oberwaldhaus, Dieburger Straße 257, 64287 Darmstadt
● ÖPNV: Bus F, FX, Haltestelle Oberwaldhaus

Poesie der Sonnenuhren

Sonnige Zeiten im Prinz-Georg-Garten

Zentral in der Darmstädter City liegt nördlich des Residenzschlosses an den Herrengarten angrenzend ein gut gepflegtes Juwel, das nach dem bedeutenden Einfluss Frankreichs im 18. Jahrhundert als landgräflicher Lustgarten angelegt wurde. Der Prinz-Georg-Garten ist nach dem Prinzen Georg Wilhelm von Hessen-Darmstadt benannt, der ihn von seinem Vater Ludwig VIII. geschenkt bekam. Die kleine Gartenanlage war ein Mittelpunkt für die von der Hofgesellschaft der damaligen Zeit favorisierten Festlichkeiten. Mauern umgeben den Sommersitz, denn in Rokoko-Gärten wurde der Wunsch auf Intimität und Privatsphäre oft gewahrt. Diese Art der Isolation verhalf auch zum Erhalt des Gartens bis heute und für zukünftige Generationen.

Wer den Rokoko-Garten von der Mitte des Südrands durch ein großes gusseisernes Portal betritt, möchte sofort auf den vielen, sich kreuzenden, schmalen Wegen ganz im Sinne der Erschaffer lustwandeln. Der Blick geradeaus fällt über den Springbrunnen auf das hübsche Prinz-Georg-Palais am anderen Ende, heute ein Porzellanmuseum (Glücksort 63). Der Blick nach rechts zum Pretlak'schen Gartenhaus deutet auf eine rechtwinkelige Form hin, denn der Park wuchs einst aus zwei separaten Gärten zusammen. Die Wege führen durch ein buntes Blütenmeer, das an den Wegrändern durch kleine Hecken geschützt wird. In den Beeten wechseln sich Blumen, Obstgehölze, Kräuter und Gemüse ab. Der Garten vereint Zier- und Nutzpflanzen zu einer ästhetischen und praktischen Einheit. Wer den Garten emsig pflegt, kann im Anschluss sprichwörtlich die Früchte seiner Arbeit ernten. Weiße Bänke am Rand sorgen für schnelle Entschleunigung abseits des Großstadttrubels.

TIPP
Wer kein Buch dabeihat, findet im Pretlak'schen Gartenhaus ein öffentliches Lesezimmer.

Eine Besonderheit des Prinz-Georg-Gartens sind die beiden poetischen, vierflächigen Kubus-Sonnenuhren, deren Zifferblätter auf Sandsteinsäulen angebracht sind. Darüber thront jeweils eine Kugel mit Äquatorband und geografischen Daten. Beide Säulen stammen noch original aus der damaligen Zeit und sind bis heute gut erhalten.

- Prinz-Georg-Garten, Schloßgartenstraße 6 b, 64289 Darmstadt
- ÖPNV: diverse Linien, Haltestelle Pallaswiesenstraße (5 Min. Fußweg)

Ein Hauch von Versailles

Im Schlossgarten Dieburg

„Das schöne Jahr haben wir in Dieburg mit kleinen Spielen angefangen", schrieb Johann Wolfgang von Goethe seiner Freundin Charlotte von Stein am 1. Januar 1780 von einer Silvesterfeier auf Schloss Stockau. Ganz so wie der Dichterfürst kann man sich in der Anlage um den damaligen schlichten, vierstöckigen Bau auch heute fühlen. Das bis heute existierende Gebäude ist nicht das Schloss, sondern die ehemalige Mühle und spätere Fabrik. Sie steht unter Denkmalschutz und befindet sich in Privatbesitz.

Der Schlossgarten Dieburg, 15 Kilometer östlich von Darmstadt, ist auf jeden Fall einen Besuch wert. Wo früher die Schlossfamilie von Groschlag von illustren Gästen umgeben war, finden auch heute Besucher Ruhe und Muße. Der vom Flüsschen Gersprenz und einem Nebenarm eingerahmte Park bietet einen malerischen Rahmen für Spaziergänge, Picknicks, Konzerte und Feste. Im Sommer findet hier das familienfreundliche Schlossgartenfest mit Livemusik, Kinderprogramm und stimmungsvoller Beleuchtung statt. Der Biergarten unter schattenspendenden Bäumen ist in der warmen Jahreszeit täglich geöffnet. Kinder können ihrem Bewegungsdrang auf einem modernen Spielplatz freien Lauf lassen.

Ein Spaziergang entlang einer Ulmenallee lädt auf eine Insel ein. Hier beginnt der französische Park, der repräsentativ vor den Toren Dieburgs angelegt wurde. Die 1997 neu gepflanzte, 200 Meter lange Allee aus Schnittkronen-Linden gibt den Blick auf den nach seiner Form benannten Trapezteich und einen kleinen Tempel frei. Gartenkünstler Johann Ludwig Petri baute den Garten im 18. Jahrhundert so, wie der Bauherr Johann Philipp Ernst von Groschlag den Park von Versailles einst erlebt hatte. Die Partien der Parkanlage waren genauestens geplant, um Licht- und Sichteffekte zu erzielen. Dem Besucher bieten sich dadurch immer neue Glücksperspektiven.

TIPP

Das Museum im Fechenbacher Schloss zeigt die alten Gartenpläne des damals deutlich größeren Schlossgartens.

- Dieburg Schlossgarten, Am Schloß Stockau 15, 64807 Dieburg
- ÖPNV: Bus 671, 672, Haltestelle Dieburg Schlossgarten

Naturnahe Ruhe

Auf dem Waldfriedhof

Imposant ist bereits der Zugang zum Waldfriedhof Darmstadt. Senkrecht zur Achse der Rheinstraße verläuft eine großzügige Allee, die auf beiden Seiten von kleinen Pavillons gesäumt ist. Es sind Verkaufsflächen für Gärtnereien und Steinmetze. Die großen Kuppeln der beiden Trauerhallen erheben sich an einem großen, ovalen Friedhofsvorplatz am Ende der Straße. Diese sind durch einen halbkreisförmigen Säulengang miteinander verbunden. Im westlichen Gebäudeflügel lädt seit 2014 in einem ehemaligen Wohngebäude ein Café zur Einkehr ein.

Als zu Beginn des 20. Jahrhunderts absehbar war, dass der Platz auf dem Alten Friedhof nicht mehr ausreichen würde, entwarf Stadtbaumeister August Buxbaum einen neuen, wesentlich größeren Friedhof in einem dichten Kiefernwald westlich von Darmstadt. Er wurde 1914 eröffnet und ist heute mit einer Fläche von rund 33 Hektar der größte Friedhof Darmstadts.

Baumeister Buxbaum, der hier mit einem Ehrengrab bedacht ist, schuf eine hufeisenförmige und symmetrische Anlage. Nach dem Betreten durch das Haupttor gliedern sich die Routen in einen großen, etwa 650 Meter langen Hauptweg sowie mehrere Diagonalen und Rundwege. Verträumtes Grün, gepflegte Pfade und viel Natur warten auf Besucher. Der Wald spendet im Sommer Schatten, im Herbst sind seine Blätter bunt gefärbt und rauschen im Wind. Hier sind zahlreiche Grabstätten bekannter Persönlichkeiten aus Kultur, Wissenschaft und Politik zu finden. Ebenso kann das Ehrenmal und die Gedenkstätte für die Toten beider Weltkriege besichtigt werden. Die Bronzefiguren von Fritz Schwarzbeck und die Figurengruppe „Opfer“ aus Steinguss sind beeindruckende Kunstwerke für den Ausdruck von Trauer.

Der Darmstädter Waldfriedhof wird gerne zu Lebzeiten von Menschen ausgewählt, die Wert auf naturnahe Bestattungen legen. Nicht zu verwechseln mit einem Bestattungswald, denn der Waldfriedhof Darmstadt liegt innerhalb der Stadtgrenzen. Auch für die Lebenden ist er ein friedlicher Ort der Erholung und Besinnung.

- Waldfriedhof Darmstadt, Am Waldfriedhof 25, 64293 Darmstadt
- ÖPNV: Tram 9, Haltestelle Waldfriedhof

Baden im Vulkan

Die Grube Prinz von Hessen

Da kommt Urlaubsstimmung auf: Im Stadtteil Kranichstein, an der Grenze zu Messel, liegt mitten im Wald ein idyllischer, 6 Hektar großer Waldsee, der in einem ehemaligen Vulkankrater entstand. Vor Millionen von Jahren bildeten sich hier mitten in dichter Vegetation flache Süßwasserseen, sogenannte Maare. Zwischen 1909 und 1924 wurde Ölschiefer abgebaut. Nachdem die Förderung im Tagebau eingestellt wurde, füllte sich das Förderloch mit Grund- und Regenwasser und ist bis heute ein beliebter Badesee. Verlockend für Familien und Freundeskreise, die warme Sommertage hier an dem kleinen Sandstrand auf der großen Liegewiese verbringen. Die Kleinsten bauen hier ihre Sandburgen, während sich die Eltern auf ihren Badematten sonnen. Die Grube Prinz von Hessen liegt in der Nähe der berühmten Grube Messel (Glücksort 70), die als UNESCO-Welterbe und Fossilienfundstätte bekannt ist. Beide Gruben sind geologisch verwandt.
Aufgeschütteter Kies ermöglicht einen flachen Zugang vom kleinen Strand ins Wasser. Zur Mitte hin wird der See allerdings schnell tiefer. Wer nicht ins kühle Nass springen will, spielt Kapitän in einem Schlauchboot oder treibt in aller Ruhe auf einem Stand-up-Paddleboard durch die herrlich bewaldete Seenlandschaft. In der Hauptsaison sorgen ein Grillimbiss und ein Kiosk für das leibliche Wohl. Die Qualität des Wassers wird regelmäßig vom Hessischen Landesamt für Naturschutz, Umwelt und Geologie gemessen. Zudem tummelt sich eine außergewöhnliche Fauna am See – Eisvögel, Fledermäuse und Libellen. In der Badesaison von Mitte Mai bis Mitte September sorgen die Rettungsschwimmer der DLRG wachen Auges dafür, dass den Badenden nichts passiert. In der restlichen Zeit ist die Grube Prinz von Hessen ein Gewässer für Spaziergänger und Angler. In dieser Zeit erholt sich der See vom sommerlichen Menschentrubel und die Ruhe erlaubt der Tierwelt, sich ungestört am See zu entfalten. Badende Enten in glitzernder Wintersonne, auch das ist ein Glücksmoment.

- Grube Prinz von Hessen, Dieburger Straße östlich vom Oberwaldhaus, 64287 Darmstadt
- ÖPNV: Bus FM, Haltestelle Grube Prinz von Hessen

Wo der Bambus wächst

In der Gärtnerei Ulrich Willumeit

Die Spezialgärtnerei Ulrich Willumeit in Darmstadt-Eberstadt ist eine Bambus-Baumschule mit langer Tradition und einem großen Sortiment der zu den Süßgräsern zählenden Pflanze. Seit 50 Jahren widmet sich Familie Willumeit dem Anbau und der Pflege von Bambus. Vielseitig und dekorativ verwendbar sind die bis zu 1500 Bambusarten auf allen Kontinenten mit Ausnahme von Europa und der Antarktis beheimatet. In der Bambus-Baumschule werden 200 verschiedene Bambusgattungen gezüchtet, die sich in Größe, Form, Farbe und Wuchsverhalten unterscheiden. Wer einen Bambus für seinen Garten, seinen Balkon oder das Wohnzimmer sucht, wird hier fündig. Am Haupteingang entsteht bereits ein großzügiger Eindruck. Angefangen mit japanischem Ahorn eröffnet sich dem Besucher hier eine Allee aus Töpfen und Kübeln, in denen Pflanzen unterschiedlicher Größe auf ihre Käufer warten. Zu den schönen Bodendeckern zählen niedrige Exemplare, die sich besonders zur Unter- und Flächenbepflanzung eignen. Sie bleiben in Bodennähe, werden teils aber auch über 1 Meter hoch. Dahinter schreitet man in ein wahres Bambuswäldchen. Dichte Horste eignen sich prima zur Einzel- und Heckenbepflanzung oder auch zur Hangbefestigung. Am Ende des Wegs wachsen Bambusriesen, die bis zu 10 Meter Höhe erreichen, geeignet für große Haine und Wäldchen. Beim Durchschreiten kommen hier wahrlich exotische Gefühle auf. Noch bis vor zwei Jahrhunderten in Europa völlig unbekannt, kamen die ersten Bambuspflanzen erst Mitte des 19. Jahrhunderts im Zuge des Imports von Seide aus China und Japan zu uns. Wer sich von der Schönheit und Vielfalt des Bambus inspirieren lassen will, kommt direkt an das Waldstück am westlichen Rand von Darmstadt-Eberstadt nahe der Ausfahrt von der A5.

Die Spezialgärtnerei Ulrich Willumeit bietet nicht nur eine große Auswahl an Bambus, sondern auch fachkompetente Beratung. Exotik erleben und nach Hause mitnehmen ist hier das grüne Glücksmotto.

- Bambus-Baumschule Ulrich Willumeit, Nußbaumallee 71, 64297 Darmstadt
  www.bambus-baumschule-darmstadt.de
- ÖPNV: Bus EB, Haltestelle Nußbaumallee (10 Min. Fußweg)

Natürliche Subkultur

Der Osthang an der Mathildenhöhe

Läuft man von Osten Richtung Mathildenhöhe, fällt einem auf der rechten Seite in einem bewaldeten Hanggelände ein großer Holzbau auf. Der Osthang Darmstadt wurde 2014 im Rahmen des Darmstädter Architektursommers initiiert und wird seitdem von dem ehrenamtlichen Kollektiv OHA e. V. betrieben. Hier entstehen temporäre und partizipative Projekte für kreative und nachhaltige Stadtentwicklung. Auf den vielen Veranstaltungen lassen die „Osthängler" die Allgemeinheit an ihren Projekten teilhaben. Sie sind unter anderem Themen gewidmet, die sich mit Nachhaltigkeit, Pflanzentausch, Secondhand, Fotografie, Musik und vielem mehr beschäftigen. Für das leibliche Wohl ist gesorgt. Auf dem Gelände kann man auch im wahrsten Sinne des Wortes abhängen, indem man in einer der vielen Hängematten zwischen den Bäumen entspannt. Mit Musik im Hintergrund ist es umso gemütlicher. Ein wahrer Glücksort in der Natur für Menschen, die sich für alternative Lebens- und Arbeitsformen interessieren, die sich für Kunst und Kultur begeistern und gern für Umwelt und Nachhaltigkeit einsetzen.

Der Osthang ist ein Festivalzentrum, eine Kulturstätte, ein öffentlicher Park, ein zeitgenössischer Projektraum, eine Experimentier- und Expositionsfläche, aber auch ein Ort mit Visionen und Herausforderungen. Immer wieder stellt er sich der Frage, wie er sich langfristig erhalten und weiterentwickeln, seine Identität und seinen Charakter bewahren und seine Werte und Ziele vermitteln kann.

An diesem Ort der Künste spürt man den Abstand zu Großstadtbeton, Lärm und Kommerz. Er ist ein moderner Spiegel der geschichtsreichen Künstlerkolonie und eine Experimentierfläche in einem: Ob es um Design, Kunst, Architektur, Film, Tanz, Theater oder Fotografie geht, an die Osthang-Community kann sich jeder anschließen und ist willkommen, mit zu schaffen, mit zu gestalten, mit zu experimentieren oder mit zu staunen. Ein wichtiges Stück Subkultur in Darmstadt und ein Ort für Suchende des grünen Glücks.

- Osthang, Olbrichweg 19, 64287 Darmstadt, www.osthang.de
- ÖPNV: Bus M (Welterbe Shuttle), Haltestelle Mathildenhöhe; Bus F, FM, Haltestelle Lucasweg/Mathildenhöhe

Über den Fischteichen

Genusspause in der Fischerhütte

Was gibt es Schöneres, als nach einem Waldspaziergang gemütlich einzukehren – an frischer Waldluft und gleichzeitig nah am Wasser? Seit über 40 Jahren ist das Restaurant Fischerhütte Ausflugsziel für Wanderer und Radler im Ostwald in der Nähe des Campus Lichtwiese der Technischen Universität Darmstadt. In rustikaler Blockhüttenatmosphäre mit Seeterrasse und Biergarten werden regionale Spezialitäten serviert, wie Forelle Müllerin, Lendchen, hausgemachter Kochkäse und Handkäs mit Musik. Während der kühleren Jahreszeit kann man sich hier mit einem Glas Tee und einem Schuss Rum oder Grog aufwärmen. Die Fischerhütte ist das ganze Jahr über geöffnet. Sie bezeichnet sich zudem als kinderfreundliches Restaurant und für Hunde steht immer eine Schüssel mit Wasser bereit.

Von der Terrasse kann man sich am Blick über die fünf Fischteiche erfreuen, die von hohen Bäumen umgeben sind. Sie werden aus dem nahen Quellgebiet des Darmbachs mit frischem Quellwasser gespeist. Die Fischteiche nutzt der Anglerverein Darmstadt. Das Vereinsheim liegt am Eingang zur Fischerhütte. Gastwirt Georg Huck ist ebenfalls Vereinsmitglied. In den Teichen sind viele Fischarten zu Hause, darunter Hechte, Zander, Karpfen, Schleie oder Flussbarsche. Zugleich sind sie ein Lebensraum für viele Vögel, wie Graureiher, Kanadagänse oder Eisvögel.

Die Fischerhütte und die Fischteiche haben eine lange Geschichte. Die Fischerhütte wurde ursprünglich im Jahr 1898 als Forsthaus errichtet und später zu einem Ausflugslokal umgebaut, ähnlich wie das Restaurant Bölle oder das Alte Forsthaus Kalkofen. Die Fischteiche wurden im 18. Jahrhundert von den Landgrafen von Hessen-Darmstadt angelegt und dienten der Fischzucht und der Jagd. In den frühen Abendstunden fällt ein angenehmes Licht auf die Anlage und lässt die Teiche warm erstrahlen. Diese goldene Stimmung inspirierte den Dichter Matthias Claudius 1778 zu seinem berühmten Abendlied „Der Mond ist aufgegangen". Wo findet man sein grünes Glück, wenn nicht hier?

● Fischerhütte, An den Fischteichen, 64287 Darmstadt
● ÖPNV: Odenwaldbahn RB81, RB82, Haltestelle TU Lichtwiese/Bahnhof (20 Min. Fußweg); Tram 2, Bus L, Haltestelle TU-Lichtwiese/Campus (25 Min. Fußweg)

Auf verwachsenen Pfaden

An der alten Bahnlinie nach Groß-Zimmern

Wer im Ostwald zwischen der Darmstädter Rosenhöhe und dem benachbarten Roßdorf spazieren geht, staunt nicht schlecht, wenn plötzlich ein altes Gleis parallel zum Weg oder als Kreuzung auftaucht. Zumal es nicht besonders gut gesichert und mit Büschen und Ästen überwuchert ist. Züge scheinen hier nicht mehr unterwegs zu sein. Wo führt das Gleis nur hin? Und wer fuhr hier einst durch das dichte Grün? Sofort kommen Entdeckergefühle auf und der Spaß daran, das Rätsel zu lösen.

Tatsächlich handelt es sich um eine alte Nebenbahn, die von 1897 bis 1966 in Betrieb war. Sie verband die Stadt Darmstadt mit Roßdorf und Groß-Zimmern im Odenwald. Heute ist die ehemals 13 Kilometer lange Strecke größtenteils abgebaut oder überbaut, aber einige Spuren sind noch erhalten und laden zu einer Entdeckungsreise ein. Ein 4 Kilometer langes Reststück zwischen den Haltepunkten Darmstadt Ost und Bessunger Forsthaus wurde bis 2016 noch als Museumsbahn betrieben. Ursprünglich entstand die Strecke, um den umfangreichen Abbau von Basalt bei Roßdorf zu unterstützen. Ein echtes Urgestein vulkanischen Ursprungs, das zu Schotter und Fliesen weiterverarbeitet wurde und Roßdorf einst den Reichtum bescherte. Auch Personen wurden auf der Strecke befördert.

Der Bahnsteig am Bessunger Forsthaus ist gut erhalten. Von dort aus kann man weiter der alten Trasse folgen, die größtenteils als Rad- und Wanderweg ausgebaut ist. Es ist erstaunlich, wie gut das Schienenbett noch erhalten ist, auf dem sich heute Bäume und Büsche ihre eigenen Wege bahnen. In Roßdorf kann man den alten Bahnhof bewundern, in dem heute eine Kunstgalerie der Gemeinde untergebracht ist. Straßennamen wie die Bahnhofstraße in Gundernhausen zeugen von einer vergangenen Zeit. Schließlich führte die Strecke über einen Bogen in die Johannes-Ohl-Straße von Groß-Zimmern, der letzten Station der Bahnstrecke, wo ein Denkmal im Park „Grüne Mitte“ am Standort der Endhaltestelle an die Eisenbahnzeit erinnert.

TIPP

Der Rossdörfer Eisenbahnclub e. V. betreibt hinter dem Bahnhof Roßdorf eine Gartenbahn zum Mitfahren in 5 Zoll.

- Bahnlinie nach Groß-Zimmern, Ausgangspunkt: Alter Bahnhof Bessunger Forsthaus, Aschaffenburger Straße 196, 64287 Darmstadt www.eisenbahn-rossdorf.com, www.kunst-von-uns-rossdorf.de
- ÖPNV: Bus 672, 673, GB, MO1, RH, Haltestelle Bessunger Forsthaus Jugendhof

Seid gegrüßt, wertes Volk

Vom Ritterserbe auf Schloss Auerbach

Der Aufstieg zu Fuß über den Auerbacher Schlossweg ab der Weidgasse in Bensheim-Auerbach ist serpentinenartig mit knackigen Steigungen verbunden, die mit einmaligen Ausblicken belohnen. Die insgesamt 8 Kilometer lange Rundwanderung ist einer der schönsten Wanderwege im gesamten Rhein-Main-Gebiet.

Schon beim Erblicken der mächtigen Burgruine aus dem 13. Jahrhundert wird der Besucher in ein kämpferisches Zeitalter versetzt. Schloss Auerbach wurde einst von den Grafen von Katzenelnbogen erbaut, einer mächtigen Adelsfamilie, die über große Teile der Bergstraße und des Rheingaus herrschte. Sie waren auch die ersten, die den Riesling anbauten und förderten. Schloss Auerbach war eine ihrer wichtigsten Festungen, die sie zum Schutz ihrer Besitztümer und zur Kontrolle des Handelswegs entlang der Bergstraße errichteten.

Heute ist Schloss Auerbach mit freiem Eintritt jederzeit zu besichtigen. Hier bekommt man Einblick in die Geschichte und Architektur der mittelalterlichen Burganlage. Schilder weisen auf Hörstationen hin, die die Stadt Bensheim zur Verfügung stellt. Über angegebene Festnetznummern kann der Besucher Wissenswertes zu den Sehenswürdigkeiten erfahren.

Die Gittertür hinter einer Brücke zum Innenhof steht offen: eine Einladung zur Begehung des Innenhofs der dreieckig geformten Hauptburg. Dort versorgte ein 62 Meter tiefer Brunnen die Burgbewohner einst mit Trinkwasser. Unverwechselbar war und ist noch immer die Burgsilhouette mit den beiden hohen Rundtürmen. Der südliche ist für Besucher zugänglich und bietet einen atemberaubenden Blick über die Bergstraßenregion. Zwischen den Türmen befand sich der Palas, ein dreigeschossiger Wohnbau. Über seine Mauern erreicht man den Gang zur Plattform eines gewaltigen Bollwerks. Hier kann die über 300 Jahre alte Sagenkiefer bestaunt werden. In der einstigen Vorburg ist heute die Burgschänke untergebracht, die die Gaumen mit frischer, regionaler Küche verwöhnt. Die Terrasse bietet einen herrlichen Blick über die Rheinebene.

TIPP

An den Wochenenden kann hier ein mittelalterliches Rittermahl gebucht werden.

● Schloss Auerbach, Außerhalb 2, 64625 Bensheim, www.schloss-auerbach.de

● ÖPNV: RE60, RE67, RE68, Bahnhof Bensheim-Auerbach (15 Min. Fußweg bis Weidgasse)

Imposantes Wahrzeichen

Der Hochzeitsturm und seine Außenanlagen

Wer hätte gedacht, dass auf der Mathildenhöhe einmal Wein angebaut wurde? Aus dem Weinberg wurde schon vor über 200 Jahren ein öffentlicher Park im Osten der Stadt. Im Stil eines englischen Landschaftsgartens angelegt, entstanden hier Gartenhäuser, Pavillons und der heute noch erhaltene Platanenhain. Benannt ist die Mathildenhöhe nach der Gemahlin des Großherzogs Ludwigs III. Im Jahr 1897 ließ die letzte russische Zarenfamilie auf der Mathildenhöhe die Russische Kapelle erbauen. Zusammen mit Künstlerhäusern, Hochzeitsturm und Ausstellungsgebäude entstand bis 1914 das heutige Jugendstilensemble, das seit 2021 UNESCO-Welterbe ist.

Wer von Westen aus der Darmstädter Innenstadt über die Erich-Ollenhauer-Promenade oder den Nicolaiweg zum Hochzeitsturm hochgeht, begreift sofort, warum es sich hier um einen grünen Glücksort handelt. Entlang einer großen Rasenfläche gelangt der Besucher auf der nördlichen Seite zum Platanenhain. Dieser idyllische Garten wurde 1914 von Albin Müller angelegt und ist von hohen Platanen umgeben, die im Sommer für die Besucher auf den weißen Bänken und die Freunde des Boulespiels Schatten spenden. Auf der Südseite, vor der reich verzierten und mit goldenen Kuppeln versehenen Russischen Kapelle, schimmert in türkisem Blau das Wasser des Lilienbeckens, das den Sakralbau reflektiert.

TIPP

Von hier sind es nur wenige Schritte zu den Künstlerhäusern (Glücksort 26) und zum Vortexgarten (Glücksort 13).

Von der Aussichtsplattform des knapp 50 Meter hohen Hochzeitsturms, dem Herzstück der Mathildenhöhe und Wahrzeichen von Darmstadt, bietet sich ein herrlicher Blick über die Stadt und die Umgebung. Nomen est omen: Seit 1993 darf im Hochzeitsturm standesamtlich geheiratet werden. Jährlich finden dort circa 500 Trauungen statt. Die beiden Hochzeitszimmer versprechen eine traditionsbewusste und stilvolle Zeremonie in einem ganz besonderen Ambiente. Wer es schafft, nach der Trauung gemeinsam den Wein aus dem historischen Becher leer zu trinken, soll in der Ehe besonders viel Glück haben!

- Hochzeitsturm Darmstadt, Olbrichweg 11, 64287 Darmstadt
www.hochzeitsturm-darmstadt.eu, www.mathildenhoehe.eu
- ÖPNV: Bus M (Welterbe Shuttle), Haltestelle Mathildenhöhe; Bus F, FX, Haltestelle Alice-Hospital

Könige der Lüfte

Die Störche der Büttelborner Bruchwiesen

Bei der Anreise fallen sie bereits auf: Schlanke Vögel mit großer Flügelspannweite segeln friedlich über dem größten Niedermoorgebiet Mitteldeutschlands, rund 15 Kilometer nordwestlich von Darmstadt entfernt. Die Bruchwiesen bei Büttelborn sind vor allem für ihre Vogelwelt bekannt, die hier eine Vielzahl seltener und gefährdeter Arten umfasst. Der Charaktervogel der Bruchwiesen ist der Weißstorch. Er ist hier das ganze Jahr über zu sehen. Die hiesige Storchenpopulation ist eine der größten in ganz Hessen. In diesem Feuchtgebiet fühlen sich die Störche wie auch viele andere Tier- und Pflanzenarten sehr wohl. Beobachten kann man hier mit etwas Glück auch das Zwergsumpfhuhn, den Wachtelkönig, die Bekassine oder die Kornweihe. Die Bruchwiesen sind ein Beispiel für besondere Naturparadiese, die durch ständige Vernässung entstehen. Niedermoore sind wichtige Kohlenstoffspeicher, die große Mengen von CO_2 binden und damit zum Klimaschutz beitragen.

Empfehlenswert ist der Einstieg in das Gelände auf der Höhe der Sportplätze am Berkacher Weg. Von hier lässt sich das Naturschutzgebiet wunderbar entlang des Landgrabens entdecken, der sich zwischen dem Ortskern und der Bahnstrecke Frankfurt–Mannheim Richtung Süden schlängelt. Die Feuchtigkeit ist am Wegesrand immer sichtbar. Immer wieder kommen Tümpel und größere Wasserflächen mit einer lautstarken Population zum Vorschein.

Der NABU Büttelborn setzt sich seit vielen Jahren für den Schutz und die Entwicklung dieser wertvollen Landschaft ein und besitzt eigene Flächen. Wichtig für die Umweltbalance sind die Wiederherstellung von Niedermooren durch das Ausheben von Mulden und die Regulation von Wasserständen.

Das Wasser des Altneckars ist relativ nährstoffreich und beeinflusst die Vegetation der Bruchwiesen im Bereich des ehemaligen Altneckarflussbetts. Hier wachsen Schilf- und Seggenriede, die den Torf bilden, sowie verschiedene Wollgras-, Binsen- und Moosarten. Eine Landschaft, die sich mit allen Sinnen zu erleben lohnt.

- Sportanlagen, Berkacher Weg 2, 64572 Büttelborn, www.nabu-buettelborn.de
- ÖPNV: Bus 62, 63, 65, WE4, Haltestelle Büttelborn Volkshaus (5 Min. Fußweg)

Entdeckungspfad im Wald

Entlang der Galerie der Jahresbäume

Einmal im Jahr, am 25. April, laden das Forstamt Darmstadt und der Kreisverband der Schutzgemeinschaft Deutscher Wald zu einer Pflanzaktion am „Tag des Baums" ein. Treffpunkt ist die Anlage der Jahresbäume an der Feldschneise gegenüber dem Parkplatz an der Kranichsteiner Straße nördlich von Jagdschloss Kranichstein. Hier wird der neue Jahresbaum in der Galerie der Jahresbäume gepflanzt, wo man die verschiedenen Baumarten bewundern kann, die seit 1989 zum Baum des Jahres gekürt wurden. Die Galerie soll das Bewusstsein für den Wald als Schutz- und Erholungslandschaft fördern und die Vielfalt der heimischen Baumarten zeigen.

Besonders schön ist ein Spaziergang von Jagdschloss Kranichstein am Backhausteich entlang Richtung Kranichsteiner Straße. Nachdem man sie überquert hat, taucht auf der linken Seite ein hölzerner Bau auf, der sich bei naher Betrachtung als ein Insektenhotel herausstellt. Eine Tafel erklärt, wozu es dient und wie es aufgebaut ist. Gleich dahinter beginnt die Galerie in der Feldschneise mit dem ersten Baum des Jahres von 1989, der Stieleiche. Vor den Bäumen informieren Schilder über die Besonderheiten und den Nutzen der Bäume sowie ihre Bedrohungen.

Wir erfahren, dass die Stieleiche bis zu 500 Jahren alt werden kann und eine Höhe von 30 bis 35 Meter erreicht. Tatsächlich ist dieser Baum als chronologisch erster der älteste und damit höchste Baum der Galerie. Je weiter sich der neugierige Betrachter entlang des Wegs in die Zukunft begibt, desto neuer ist die Bepflanzung und umso kleiner der Baum. Vorbei geht es etwa an der Rosskastanie, dem Baum des Jahres 2005, und der Robinie, dem Baum des Jahres 2020, bis zur Moorbirke. Der Baum des Jahres 2023 ist noch ein kleiner Trieb, den man erst bei genauer Betrachtung erkennt. Das Vogelgezwitscher ringsum bietet die zugehörige, natürliche Geräuschkulisse und lässt das Naturfreundeherz höherschlagen. Welch ein Glück, dass es eine solche Vielfalt in unseren Wäldern gibt und wir davon profitieren können.

- Parkplatz, Kranichsteiner Straße/Feldschneise, 64289 Darmstadt
- ÖPNV: Bus H, Haltestelle Kesselhutweg (20 Min. Fußweg); RB75, Tram 4, 5, Bus A, Bahnhof Darmstadt-Kranichstein (25 Min. Fußweg)

INSEKTENHOTEL
Stieleiche
Baum des Jahres 1989
Die Stieleiche
Quercus robur

In luftiger Höhe

Empor zu Schloss Heiligenberg

Jugenheim an der Bergstraße: 120 Meter oberhalb erhebt sich ein beeindruckendes Kulturdenkmal auf einem vorgelagerten Hügel des Odenwalds. Bereits der Weg hierher ist ein besonderes Erlebnis, wenn man statt der direkten Zufahrtsstraße den leicht begehbaren, knapp 1 Kilometer langen Höhenwanderweg geht (mit gutem Schuhwerk). Von der Hauptstraße hinter dem Kreiskrankenhaus führt der Aufstieg an der Bergkirche Jugenheim vorbei zum idyllischen Schlossteich. Rechts der Hauptzufahrt geht es weiter Richtung Laubengang, den man vor dem Ziel durchquert, ein Highlight. Im Volksmund wird er gerne als „Liebespfad“ bezeichnet. Er endet am Eingang des Schlosses, das mit seinem Goldenen Kreuz weiter unterhalb zugleich Jugenheims Wahrzeichen ist. Von hier betritt man den Schlosshof, dessen Mittelpunkt ein 1885 erbauter Brunnen mit vier wasserspeienden Fabeltieren ist. Es ist die erste von 16 Stationen des Geschichtspfads durch den Schlosspark, die neugierigen Besuchern mehr über die Geschichte des Schlosses und seiner Bewohner verraten. So auch über das Badehäuschen an der nördlichen Schlossseite. Hier zogen sich die Badegäste um, bevor sie sich in dem ovalen Bassin erfrischten, das wahrscheinlich der erste Swimmingpool an der Bergstraße war.

Der Schlosspark entstand auf einem einst landwirtschaftlich genutzten Gelände. Der Rundweg an der Ostseite bietet einen atemberaubenden Blick auf das Schloss vor einer Streuobstwiese. Der Park beherbergt auch viele schöne Bäume, wie die Trompetenbäume im Schlosshof, die Magnolien am Gartensalon oder die Libanon-Zedern am Laubengang. Ursprünglich stand hier ein mittelalterlicher Gutshof und später ein Landgut. 1827 kaufte Erbprinzessin Wilhelmine von Hessen und bei Rhein den Heiligenberg und baute das Gut zu ihrer Sommerresidenz aus. Hier trafen sich Könige, Fürsten, Zaren und Diplomaten. Heute verwaltet die Stiftung Heiligenberg Jugenheim das Areal und bietet Führungen und Veranstaltungen an.

● Schloss Heiligenberg Jugenheim, Am Heiligen Berg 8,
64342 Seeheim-Jugenheim
www.heiligenberg-jugenheim.de, www.schloss-heiligenberg.de
● ÖPNV: Tram 6, 8, Haltestelle Jugenheim Ludwigstraße (30 Min. Fußweg)

Begehbares Sonnensystem

Auf dem Planetenweg

Bereit zu einer Reise durch das Universum? Dann nichts wie auf zur Volkssternwarte Darmstadt, eine der größten Amateursternwarten in Deutschland. Sie steht auf der Ludwigshöhe gegenüber der Ludwigsklause. Hier beginnt eine spannende, außerirdische Odyssee.
Dazu sind entlang des Planetenwegs elf Informationstafeln aufgestellt. Ein Schild direkt an der Sternwarte markiert den Startpunkt und gibt einen Überblick über die folgende knapp 3 Kilometer lange Tour durch den Wald. Direkt daneben: die Tafel mit dem ersten Planeten. Ausgehend von der Sonne erläuft man das Sonnensystem im Maßstab 1:1 Milliarde – jeder gelaufene Meter entspricht 1 Million Kilometer im Sonnensystem. So wird ein zeitloses Gefühl für das Größenverhältnis und die Abstände der Planeten und ihrer Bahnen vermittelt.

TIPP
Nach der Landung auf der Erde verdient in den Kultimbiss Ludwigsklause.

Auf den ersten 230 Metern begeht der Waldastronaut die Tafeln der vier Planeten des inneren Sonnensystems. Die Reise führt im Anschluss hinter dem Asteroidengürtel in das äußere Sonnensystem. Hier sind die Abstände der Planeten voneinander – und damit auch der Tafeln im Wald – deutlich größer. An der Sternwarte endet die Reise schließlich. Die Dauer des Rundgangs hängt davon ab, wie viel Zeit man sich für jede Informationstafel nimmt und wie schnell man geht. Im Schnitt braucht man um die 90 Minuten.

Die Volksternwarte bietet auch Führungen und Veranstaltungen an, etwa Beobachtungsabende an den Teleskopen. Oder wie wäre es mit einer Taschenlampenwanderung über den Planetenweg? Er wurde 2009 eröffnet und soll das öffentliche Interesse für Astronomie, Weltraumforschung und Naturwissenschaften fördern. Er ist nicht nur ein Parcours zum Lernen, sondern auch zum Träumen. Hier ist zu spüren, wie faszinierend, wie groß und vielfältig unser Universum ist. Wer hier unterwegs ist, empfindet gleichzeitig eine tiefe Verbundenheit mit unserer Erde. Ist es nicht fantastisch, gerade hier geboren zu sein, auf einem so schönen und lebensfreundlichen Planeten?

- Volkssternwarte Darmstadt, Auf der Ludwigshöhe 196, 64285 Darmstadt
www.vsda.de
- ÖPNV: Tram 1, 6, 7, 8, Haltestelle Marienhöhe (20 Min. Fußweg)

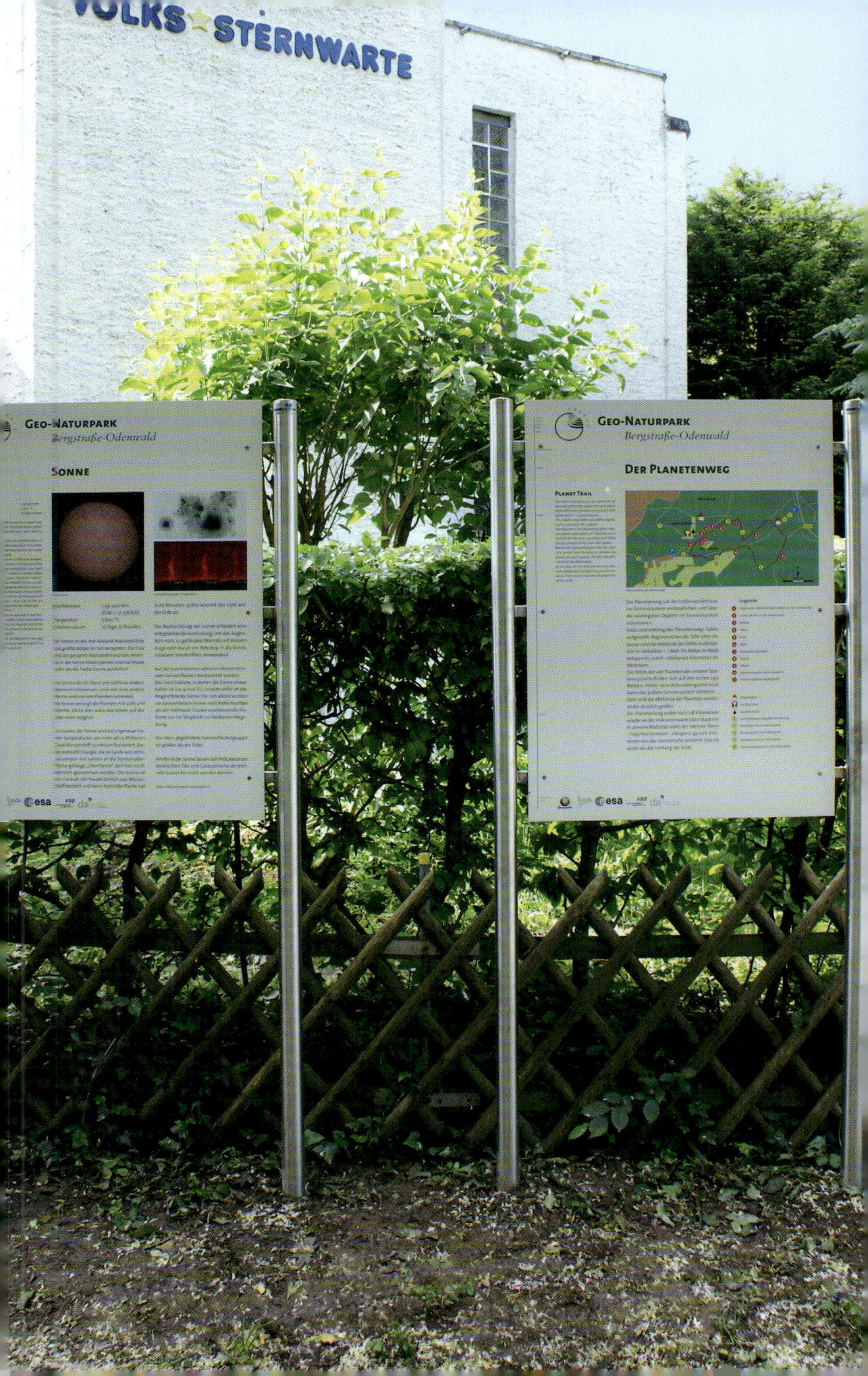

VOLKS STERNWARTE
Geo-Naturpark
Bergstraße-Odenwald
Sonne
esa
Geo-Naturpark
Bergstraße-Odenwald
Der Planetenweg
Planet Trail
esa

Verwunschene Idylle

Am Grünen Teich im Ostwald

Wie in einer Märchenlandschaft liegt ein kleines, mystisches Stillgewässer seit dem 17. Jahrhundert am Ostrand von Darmstadt. Der Grüne Teich nimmt je nach Jahreszeit tatsächlich eine grüne Farbe an, die durch das Wachstum von Algen und Wasserpflanzen an der Oberfläche begünstigt wird. Ist einer Prinzessin eine goldene Kugel beim Spiel in den Teich gefallen? Man könnte meinen, dass das Märchen des Froschkönigs der Brüder Grimm genau hier seinen Ursprung hatte. Frösche gibt es hier sicher genug, die ihre Hilfe anbieten könnten, auch wenn sie sich wohl nicht in Prinzen verwandeln können.

Etwa 50 Meter lang und ungefähr 30 Meter breit fügt sich der Grüne Teich harmonisch in die Natur ein. Der Teich wird vom Letschbach gespeist, einem kleinen Bach, der sich seinen Weg durch den Wald bahnt. Ein Rundweg führt um den Teich herum und bietet immer wieder neue Perspektiven auf das Wasser. Nach der Hälfte taucht eine kleine hölzerne Schutzhütte auf. Waren gerade Stimmen zu vernehmen? Am Ufer haben es sich vier junge Leute neben der Hütte gemütlich gemacht. Ganz nach dem Motto: Raus mit der Picknickdecke und ran an den Korb mit Leckereien in dieser verträumten Landschaft! Zudem gibt es an mehreren Stellen Bänke, auf denen man sich ausruhen oder ein Buch lesen kann.

Umgeben von einem Wald bietet der Grüne Teich einen ruhigen Rastplatz für Wanderer und Naturfreunde. Er ist circa 2 Kilometer vom Hofgut Oberfeld (Glücksort 30) entfernt und ist über den Katharinenfalltorweg und die Katzenschneise an der Kreuzung Woogsbergschneise zu erreichen. Im weiteren Verlauf bietet sich von hier eine 5 Kilometer lange Wanderung über die östlichen Scheftheimer Wiesen und die Menhiranlage (Glücksort 74) hinter Roßdorf an. Wer vom Grünen Teich 2 Kilometer nach Norden wandert, gelangt nach einer guten halben Stunde am Ruthsenbach entlang in den Freizeitpark Steinbrücker Teich (Glücksort 33). Zum Glück bietet das Oberwaldhaus hier hungrigen Waldfans eine Einkehrmöglichkeit.

● Grüner Teich, 64287 Darmstadt
● ÖPNV: Bus GB, MO1, RH, Haltestelle Hofgut Oberfeld (30 Min. Fußweg); Bus F, FX, Haltestelle Oberwaldhaus (30 Min. Fußweg)

Sehnsucht am Altrhein

Auf der Schatzinsel Kühkopf

Ein ganz besonderes Naturerlebnis mitten in einer unberührten und unbegradigten Flusslandschaft bietet der 16 Kilometer lange Stockstadt-Erfelder Altrheinarm im Hessischen Ried. Er beginnt an einer Abzweigung vom Hauptstrom des Rheins unterhalb von Biebesheim und fließt in einem großen Halbkreis um das Naturschutzgebiet Kühkopf herum und zurück in den Rhein. Auf seinem Weg passiert der Altrhein die Orte Stockstadt und Erfelden, von wo aus es über Brücken Möglichkeiten zur Überquerung auf die Insel Kühkopf gibt, die seit 1952 unter Naturschutz steht. Hier gleiten Ruderboote, Kajaks, Drachenboote und Stand-up-Paddler über das Wasser, denn der Altrhein gilt als Wassersportparadies.

Auf einer Fläche von rund 1700 Hektar bietet die Insel Kühkopf einen einzigartigen Auenlebensraum für viele seltene Tier- und Pflanzenarten. Eine ideale Zeit für einen Besuch ist das späte Frühjahr oder der frühe Sommer. Im Spätsommer und frühen Herbst sind hier durch die Feuchtigkeit viele Stechmücken unterwegs, die zahlreich über ahnungslose Naturliebhaber herfallen.

Wer eine der Brücken überquert hat, findet ein gut ausgebautes Wegenetz, das zu Fuß oder mit dem Fahrrad erkundet werden kann. Vorbei geht es an Wiesen, Wäldern, Röhrichten, Altarmen und Feuchtgebieten. Über 200 Vogelarten können beobachtet werden, darunter Graureiher, Kormoran, Höckerschwan, Stockente, Eisvogel, Pirol, Mäusebussard, Turmfalke und Weißstorch.

Wer das Gebiet nicht ganz auf eigene Faust erkunden will, findet im Umweltbildungszentrum Schatzinsel Kühkopf eine erste Anlaufstelle. In der Nähe der Brücke bei Stockstadt bietet es Infos und Veranstaltungen, Führungen, Workshops und Projekte an. Dazu zählen auch eine Ausstellung, die die Entstehung, die Bedeutung und die Besonderheiten des Schutzgebiets veranschaulicht, sowie ein Auen-Erlebnispfad, der Besucher zu mehreren Stationen führt, an denen sie die Auenlandschaft hautnah erleben können.

● Umweltbildungszentrum Schatzinsel Kühkopf, Hofgut Guntershausen, Außerhalb 27, 64589 Stockstadt am Rhein, schatzinsel-kuehkopf.hessen.de

● ÖPNV: RE70, Bahnhof Stockstadt (20 Min. Fußweg); Bus 44, 45, Haltestelle Stockstadt Ortsmitte (15 Min. Fußweg)

Das bewegliche Denkmal

Von der Fußgängerzone zum Datterich-Brunnen

Welcher Darmstädter hat nicht schon einmal an den beweglichen Bronzefiguren des Datterich-Brunnens herumgeschraubt? Heute steht das Kunstwerk, das an das lokale Theaterstück „Datterich" des Darmstädter Autoren Ernst Elias Niebergall erinnert, am Rand der grünen Altstadtanlage. An diesem Parkstreifen, der die Fußgängerzone der Innenstadt mit dem Woogsviertel verbindet, kommen viele Passanten vorbei. Am östlichen Ende der Schustergasse führt eine Rolltreppe zunächst auf eine Fußgängerbrücke über die B26. Hinter der Brücke wird es grün. Eine Schneise aus Büschen, Bäumen und Rasen grenzt den Weg von den Häusern ab. Metallene Rankgitter mit einem oben endenden Rundbogen sind an der Seite entlang des Wegs aufgestellt. Dann taucht er auf der rechten Seite vor der Glasfront der Stadtbibliothek auf, in der sich die Parklandschaft im Hintergrund spiegelt: Der Brunnen ist ein echter Blickfang und ein beliebtes Fotomotiv für Touristen und Einheimische, die sich gerne mit den lustigen Figuren ablichten lassen.

Er wurde 1982 von dem Aachener Bildhauer Bonifatius Stirnberg geschaffen und zeigt die Hauptfiguren des Stücks auf einem großen, beweglichen Rad. Die Figuren sind aus Bronze und haben bewegliche Glieder, die von den Besuchern gedreht werden können. Der Brunnen soll eine Bühne darstellen, auf der die komischen Szenen aus dem Leben des Datterichs, eines armen und trinkfreudigen Schneiders, nachgespielt werden können.

Ursprünglich stand der Brunnen gar nicht hier, sondern noch zentraler auf dem Luisenplatz vor dem Eingang in das Luisencenter. Als der Einkaufstempel 1996 saniert wurde, baute man den Brunnen dort ab und verlegte ihn an seinen jetzigen Standort. Mit der Verlegung wurde der Brunnen trockengelegt und mit einem bronzenen Bühnenvorhang versehen. Seither wirkt er gewaltiger und theatralischer. Obwohl er seine Funktion als Brunnen verloren hat, bleibt er ein wichtiger Teil des kulturellen Erbes der Stadt und sorgt bei Passanten für glückliche Momente.

- Datterich-Brunnen, 64283 Darmstadt
- ÖPNV: diverse Linien, Haltestelle Schloss

Grüße aus dem Mittelalter

In der Schlossruine Dornberg

Schloss Dornberg gehörte zu einer landgräflich-hessischen Schlossanlage, die auf den Resten einer mittelalterlichen Wasserburg entstand. Obwohl nicht mehr viel von der alten Burg übrig ist, repräsentiert sie die lange Geschichte der Region.

Am Beginn der Hauptstraße im Groß-Gerauer Ortsteil Dornberg, in unmittelbarer Nachbarschaft zur Fasanerie, ist die Ruine durch die Reste der Bastionsmauer aus dem 13. Jahrhundert zu sehen. Das moderne Gebäude dahinter, ein geschwungener Neubau der Kreisvolkshochschule, fügt sich erstaunlich gut als moderner Kontrast in die Anlage ein und greift die ehemalige Form der Vorburg auf. Am Ende der Mauer taucht ein imposanter Torbogen auf, durch den man das alte Torhaus erblickt. Beide sind von der ehemaligen Kernburg erhalten. Das Durchschreiten des oben spitz zulaufenden Bogens auf feinen Pflastersteinen versetzt Besucher in vergangene Zeiten. Etwa ab der ersten Hälfte des 11. Jahrhunderts verwalteten die ersten Herren der Dornburg hier ihre Besitzungen. Im Jahr 1259 übernahmen die Grafen von Katzenelnbogen das Erbe der Dornburger, die es zum Mittelpunkt ihrer Oberen Grafschaft machten.

Um den hellen, sandigen Platz im Innenhof setzt sich der feine gepflasterte Weg fort. Am westlichen Ende steht ein schmuckes kleines Forsthaus, das heute als Verwaltung dient. Im Ostteil geht der Hof in eine grüne Rasenfläche über, auf der Bäume gepflanzt und Sitzblöcke aufgestellt sind. Wer tiefer in die Geschichte eintauchen will, findet an der Begrenzungsmauer Informationstafeln, die die Geschichte und den Standort ausführlich erklären.

Von hier führen Treppen auf ein terrassenförmiges Areal mit einer wunderbaren Aussicht auf den sumpfigen Naturraum der uralten Hochufer des Neckars hinter dichtem Schilfbewuchs. Kinder können auf dem benachbarten Spielplatz toben, während die Erwachsenen den Ausblick genießen. Wer hier unterwegs ist, wird Schloss Dornberg gewiss als eines der Kleinode im Südwesten in Erinnerung behalten.

TIPP

Ein Spaziergang durch die benachbarte Fasanerie mit eigenem Tiergarten (www.tiergarten-gross-gerau.de).

- Schloss Dornberg, Hauptstraße 1, 64521 Groß-Gerau, www.schloss-dornberg.de
- ÖPNV: Bus 42, Haltestelle Groß-Gerau Dornberg Pforte (5 Min. Fußweg)

Biergarten mit Pfau

Zum alten Forsthaus Kalkofen

Das Gartenlokal Zum alten Forsthaus Kalkofen, umgangssprachlich nur Kalkofen genannt, ist ein ganz besonderes Glückserlebnis für Naturliebhaber. Es liegt nicht nur mitten in der Natur – die Natur liegt auch mitten in dem außergewöhnlichen Biergarten, der in der warmen Jahreszeit stets gut besucht ist. Mit über 1000 Sitzplätzen ist er ein wahrer kulinarischer grüner Glücksort, wenn man nach der Arbeit Freunde treffen oder bei einer Wanderung im Kranichsteiner Forst eine Pause machen möchte. Zwischen März und Oktober ist hier ab mittags durchgehend bis in den späten Abend geöffnet, am Wochenende bereits ab den Morgenstunden.

Vom nördlichen Stadtteil Arheilgen ist der Kalkofen leicht über den Kalkofenweg zu erreichen. Hier bietet sich eine Wanderung oder eine Radtour über die Felder an. Schon von Weitem sieht man die vielen Fahrräder vor dem Eingang. Das Lokal ist bei Familien beliebt: Junge Gäste entdecken gleich hinter dem Eingang einen Spielplatz zum Toben, während sich die Älteren ein gemütliches Plätzchen suchen, um mit Liebe und Sorgfalt zubereitete hessische Spezialitäten wie Handkäs mit Musik, Rippchen mit Kraut oder Apfelwein zu probieren.

In der Mitte des Biergartens umgeben Schatten spendende Platanen einen großen Teich. Wer lieber Sonne möchte, kann seine Speisen und Getränke auf der Sonnenwiese genießen, einer mit Palmen und Kakteen geschmückten, freien Rasenfläche mit mediterranem Flair. Unter weißen Pagodenzelten am Rand der Sonnenwiese stehen weitere Plätze zur Verfügung, die auch für Feiern und Veranstaltungen gemietet werden können. Manch einer staunt nicht schlecht, wenn sich ein Pfau an den Tisch gesellen will. Die friedlichen Vögel laufen hier frei herum und schauen neugierig an den Tischen vorbei. Ein weiteres Highlight für Kinder ist das kleine Hirschgehege, in dem man Damhirsche füttern und aus der Nähe beobachten kann. Ein wahrer Ort der Lebensfreude, der Geselligkeit und Natur ideal vereint.

- Zum alten Forsthaus Kalkofen, Kalkofenweg 90, 64291 Darmstadt
www.kalkofen.com
- ÖPNV: Tram 6, 8, Haltestelle Löwenplatz (45 Min. Fußweg)

Darmstadts Naturbadewanne

Im und am Großen Woog

Am Großen Woog treffen sich die Darmstädter zum Schwimmen, Sonnenbaden, Entspannen oder um die Natur auf sich wirken zu lassen. Das einzigartige Naturfreibad liegt mitten im Stadtzentrum und dennoch ruhig und abgeschieden. Angelegt wurde der Große Woog 1567 vermutlich als Fischteich für die Versorgung des landgräflichen Hofs sowie als Feuerlöschteich für die Stadt. Das umgangssprachliche *Woog* bedeutet „stehendes Gewässer".

Als Badeteich wurde es erstmals um das Jahr 1820 erwähnt. Am Woog gibt es zwei getrennte Badestellen, die von Mitte Mai bis Mitte September geöffnet sind. Das sogenannte Inselbad im Süden wird gerne von Familien besucht. Hier breiten sich Badefans auf zwei großen Liegewiesen mit Volleyballfeld, Kinderspielplatz und einem Strand aus. Sonnenliegen können geliehen werden.

Im Norden wartet das Familienbad mit Betonstegen, 50-Meter-Becken und 10-Meter-Sprungturm auf. Auch ein kleiner Nichtschwimmerbereich ist vorhanden. Dennoch ist der Name „Familienbad" missverständlich. Für Familien mit Kindern ist das Inselbad besser geeignet. Die Qualität des Wassers wird ständig geprüft und ist exzellent, trotz trüber Färbung, die geologisch bedingt ist. Im Sommer werden in dem durchschnittlich knapp 2 Meter tiefen Gewässer schnell Wassertemperaturen von über 20 Grad erreicht.

Die Gesamtanlage mit der Insel, den Wettschwimmbahnen, dem Sprungturm und dem Familienbad steht unter Denkmalschutz. Durch den Woog fließt der im Darmstädter Ostwald entspringende Darmbach (Glücksort 64). Der große Woog ist auch ein Naturparadies und Treffpunkt vieler Wasservögel, wie Stockenten, Blässhühner, Eisvögel und Graureiher. Ein weitläufiger Park um den See lädt zum Ausruhen und Verweilen ein. Das Restaurant Woog am Seeufer bietet einen schönen Blick auf das Wasser. Für den Schutz als umweltgerechter und denkmalgeschützter Naturbadesee setzt sich heute eine gemeinnützige Bürgeraktion namens Woogsfreunde ein.

- Woog Familienbad, Landgraf-Georg-Straße 121, 64287 Darmstadt
baeder.darmstadt.de, www.woog.me
- ÖPNV: diverse Linien, Haltestelle Elisabethenstift/Woog

Wald der Sinne

Walderlebnispfad um Burg Frankenstein

Die Burgruine Frankenstein südöstlich des Darmstädter Stadtteils Eberstadt auf der Gemarkung der Gemeinde Mühltal ist vielen Darmstädtern bekannt. Wer einen Ausflug hierher unternimmt, sollte unbedingt 2 bis 3 Stunden zusätzliche Zeit für den Walderlebnispfad mit einplanen. Er erstreckt sich über etwa 3 Kilometer rund um die Burganlage und bietet zahlreiche Glücksmomente in der Natur. An 20 Erlebnisstationen können Kinder und Erwachsene Lehrreiches über den Wald erfahren und gleichzeitig aktiv werden.

Startpunkt ist der große Parkplatz unterhalb von Burg Frankenstein. Der Waldpfad beginnt kurz vor dem großen Burgtor. Hier geht es links durch das Eingangstor, das leicht übersehen werden kann, direkt durch die erste Station: den Kräuter-Riech-Garten. Von dort aus ist der Weg mit einem türkisfarbenen Ahornblatt und gelben Wegmarkierungen gekennzeichnet. An allen Stationen sind Hinweistafeln zur Erläuterung angebracht. Gute Wanderschuhe sind hier ein Muss.

Im Anschluss an das Dufterlebnis im Kräutergarten erwartet Waldabenteurer ein Urwaldpfad mit seinen schmalen verschlungenen Pfaden, die die Wahrnehmung schärfen. Wer nicht so gut zu Fuß ist, kann diesen Teil über einen breiteren Weg umgehen. Hellwach geht es nun zu den nächsten Stationen. Zu den Highlights gehören der große Hörtrichter, über den man in den Wald hineinhorchen kann, und der Laubtunnel, der für den natürlichen, nährstoffreichen Kreislauf der Lebewesen im Wald steht, sowie ein heißer Beat auf dem Xylophon aus weichem Ahornholz und dem Dendrophon als Kontrast dazu aus unterschiedlichen Holzarten. Nach so vielen glücklichen, aktiven Eindrücken bietet sich das Areal am Lindwurmteich für eine Pause an, bevor es wieder hoch auf die Burg geht. Wer mit dem Bus von der Eberstädter Wartehalle kommt und an der Haltestelle Quergasse in Mühltal/Nieder-Beerbach aussteigt, gelangt über den Frankensteiner Weg zum Lindwurmteich und kann die Walderlebnisrunde dort beginnen.

● Burg Frankenstein, 64367 Mühltal, www.walderlebnis-frankenstein.de
● ÖPNV: Bus BE1, Haltestelle Mühltal Nieder-Beerbach Quergasse

In einer anderen Zeit

Streifzug über den Alten Friedhof

Wer den von einer hohen Mauer umgebenen Alten Friedhof durch das Hauptportal am Herdweg betritt, kommt auf einen halbrunden, gepflasterten Platz und blickt auf die westliche Hauptachse Richtung Süden. Gleich daneben an der rechten Seite steht die Friedhofskapelle, ein spätklassizistischer Bau aus der Gründerzeit, der zuletzt 1980 erneuert wurde.

Schon um 7 Uhr werden die Tore geöffnet. Erste Sonnenstrahlen, Raben fliegen krächzend von Baum zu Baum. Ein Spaziergang über den Alten Friedhof versetzt Besucher in eine andere Zeit. Der historische Ort ist nicht nur letzte Ruhestätte für zahlreiche Persönlichkeiten, sondern auch ein Zeugnis vergangener Epochen und ein Ort der Besinnung. Bei einem Rundgang entdecken Besucher wunderschön gestaltete Grabstätten und Mausoleen im klassischen Stil des 19. Jahrhunderts. Die Architektur und die kunstvollen Grabmäler erzählen die Geschichten der Menschen, die hier ihre letzte Ruhe gefunden haben. Die Stadt legte den heutigen Alten Friedhof 1828 östlich der Nieder-Ramstädter-Straße an, da die bisherigen letzten Ruhestätten rings um die Stadtkirche und auf dem Kapellplatz zu klein waren und schließlich aufgegeben wurden. Mit der letzten Erweiterung im Jahr 1894 erstreckt sich der Alte Friedhof heute über eine Fläche von etwa 13 Hektar und ist in verschiedene Abschnitte unterteilt. Zahlreiche Bäume spenden Schatten unter den vielen Parkbänken und laden zum Verweilen ein. Zudem beherbergt der Park mehr als 60 Ehrengräber von bedeutenden Persönlichkeiten aus Kunst, Wissenschaft und Politik der vergangenen beiden Jahrhunderte, wie zum Beispiel das von Luise Büchner, eine der ersten Frauenrechtlerinnen in Deutschland und Schwester von Georg Büchner, oder das von Joseph Maria Olbrich, Gründungsmitglied und führender Kopf der Künstlerkolonie (Glücksort 26). Über den QR-Code auf einer Bronzeplakette an der Grabstätte erhält der Besucher ausführliche Infos auf sein Smartphone. In dieser glückseligen Natur stellt sich ein Gefühl von Ehrfurcht ein.

● Alter Friedhof, Herdweg 105, 64285 Darmstadt
● ÖPNV: Tram 2, 5, 9, Haltestelle Herdweg

FLOTOW

Wohlfühlcharakter

Am Bruchsee in Egelsbach

Der Landschaftspark Bruchsee in Egelsbach ist ein charmantes Naherholungsgebiet nördlich von Darmstadt. Schon der Weg dorthin bietet spannende Erkenntnisse über die Entwicklung der Erde und ihrer Lebewesen auf dem sogenannten Evolutionspfad. Er ist 1 Kilometer lang und beginnt am Parkplatz des kleinen Flughafens Egelsbach, verläuft am Flugplatz entlang nach Osten und ab dem Frasers Park wieder Richtung Nordwesten. Er endet an der Skulptur des „Seelenvogels" des Künstlers Kai Wujanz und damit am Parkzugang zum Bruchsee. Dort erstreckt sich der „Platz des Windes", über dem die Skulptur majestätisch ihre Flügel ausbreitet. Der Flugmensch vereint Leichtigkeit und Schwere: Seine Arme tragen Flugzeugtragflächen, während die klobige Pilotenbrille an die holprigen Pionierzeiten der Flieger erinnert. Wohl nicht zufällig wurde der Standort in der Nähe des Flughafens Egelsbach ausgewählt.

Direkt an der Regionalpark-Rundroute Rhein-Main gelegen, beginnt gleich hinter der Skulptur eine grüne Umgebung um den 3,5 Hektar großen Bruchsee, der einst nur einen Tümpel in einer feuchten Moorlandschaft darstellte.

Eine Zierbirnenallee weist den Weg zum Zentrum des Parks. Auf der zentralen Wiese um den See erstreckt sich ein über 13.000 Quadratmeter großes Freizeitparadies. Familien breiten ihre Picknickdecken am Ufer aus, Kinder vergnügen sich mit Ballspielen oder auf dem Spielplatz, Sonnenhungrige wärmen sich auf den angewärmten Natursteinmauern. Auch so kann das kleine Glück aussehen. Die sanft modellierte Landschaft trägt zum Wohlfühlcharakter bei. Baden ist im See allerdings nicht erlaubt.

Die Regionalparkrouten im Rhein-Main-Gebiet machen die vielfältigen Landschaften der Region erlebbar. Das ständig erweiterte Routennetz von bereits über 1250 Kilometer Länge erstreckt sich vom Frankfurter Grüngürtel, dem Herzen des Regionalparks, westlich bis in den Rheingau, nördlich bis in die Wetterau, südlich bis ins Hessische Ried und nach Osten bis ins Kinzigtal.

● Bruchsee, 63329 Egelsbach
www.regionalpark-rheinmain.de, www.evolutionsweg.de
● ÖPNV: S3, Bahnhof Egelsbach (20 Min. Fußweg)

Wo einst gejagt wurde

Im Kulturdenkmal Fasanerie

Die Fasanerie in Darmstadt ist ein besonderes Fleckchen für Naturfreunde und Geschichtsinteressierte. Bereits im Jahr 1715 rief Landgraf Ernst Ludwig sie ins Leben. Er war nicht nur ein begeisterter Jäger, sondern hegte auch eine große Leidenschaft für die Fasanenzucht. Vor seiner Regentschaft war die Fasanenzucht auf Jagdschloss Kranichstein bereits Teil der höfischen Tierhaltung in Volieren. Doch Landgraf Ernst Ludwig wollte mehr: Er wünschte sich, dass die Vögel frei auf einem eingegrenzten Gelände leben und dort auch gejagt werden konnten.

Heute dient das große Areal natürlich nicht mehr der Fasananenjagd und ist für die Öffentlichkeit frei zugänglich. Ausgangspunkt und Treffpunkt für einen schattigen Waldspaziergang zum Hartwig-Denkmal im Zentrum des ehemaligen Jagdgeländes ist der hölzerne Pavillion an der Dieburger Straße gegenüber der Fasaneriemauer und neben dem Parkplatz Oberfeld und der Bushaltestelle Fasanerie.

Auf der gegenüberliegenden Seite tut sich eine Lücke in der unter Denkmalschutz stehenden Bruchsteinmauer auf, welche die Fasanerie auf einer Länge von 1000 Metern umgibt. Von hier führt ein schnurgerader Waldweg nach knapp 1 Kilometer zu einer großen Lichtung. In ihrer Mitte steht ein eindrucksvolles Denkmal, das von einem schmiedeeisernen Zaun umgeben ist.

Der aus Granit bestehende Obelisk ist dem preußischen Oberforstmeister Georg Ludwig Hartig gewidmet und erinnert an seine Verdienste im Bereich der Forstwirtschaft. Am Rand des Denkmals stehen Infotafeln über Georg Ludwig Hartig, Hans Carl von Carlowitz und Carl Justus Heyer, die Vordenker der forstlichen Nachhaltigkeit waren und deren Ansätze die Waldwirtschaft bis heute prägen. In der nahen Umgebung locken weitere Ausflugsziele, wie das 1 Kilometer entfernte Naherholungsgebiet am Steinbrücker Teich (Glücksort 33) und das 2 Kilometer entfernte Jagdschloss Kranichstein (Glücksort 77).

● Parkplatz am Oberfeld, Dieburger Straße 255, 64287 Darmstadt
● ÖPNV: Bus F, FX, Haltestelle Fasanerie

Edles Wohnen im Grün

Durch die Villenkolonie Eberstadt

Auf einer Landkarte ist es deutlich zu erkennen: Der südliche Teil von Bessungen wächst mit dem nördlichen Teil von Eberstadt über ein schmales, besiedeltes Band zusammen. Erst kurz nach der Wende vom 19. ins 20. Jahrhundert begannen Investoren mit der Erschließung des Waldgebiets für die Villenkolonie. Der Bau einer Straßenbahnverbindung in den Süden machte diesen Abschnitt als Wohnlage attraktiv. Anfangs entwickelte sich das Projekt eher langsam. Während des Ersten Weltkriegs wurden nur wenige Villen gebaut, aber in den 1920er-Jahren setzte ein regelrechter Bauboom ein.

Als erstes Gebäude der Villenkolonie an der heutigen Friedrich-Naumann-Straße wurde 1898 die Villa Waldfriede errichtet. Die dreigeschossige Hotelpension ist typisch für den Prunk der wilhelminischen Epoche. Heute ist die charmante Villa ein Bed & Breakfast mit stilvoller Einrichtung und großem Garten. Ein idealer Ausgangspunkt für einen Rundweg durch die Villenkolonie.

Denkmalgeschützt sind vor allem die Villen aus den frühen Jahren. Die prächtigen Häuser entwarfen renommierte Architekten wie Fritz Becker, Heinrich Metzendorf und Peter Müller. Von der Friedrich-Naumann-Straße geht es in die Richtung Norden abzweigende Straße Am Elfengrund, mit mehreren denkmalgeschützten Häusern zwischen den Hausnummern 38 und 77. Die vielen Buchen verleihen der Villenkolonie eine besondere Atmosphäre. Sie dienten als ästhetisches Element und als Schattenspender.

Die Tour macht einen Bogen nach rechts an der Kreuzung Leo-Tolstoi-Straße, die sich eine Anhöhe hinauf bis zur Heinrich-Delp-Straße schlängelt. Als Schlagader der Villenkolonie ist die Heinrich-Delp-Straße breiter und gerade angelegt. Von hier geht es in südlicher Richtung an weiteren Baudenkmälern vorbei, darunter die St.-Petrus-Canisius-Kirche mit ihrem charakteristischen steilen Satteldach. Die Villenkolonie ist ein lebendiges Beispiel für die Baustile dieser Epoche, von neugotisch über Jugendstil bis hin zu klassizistisch.

● Hotel Waldfriede, Friedrich-Naumann-Straße 8, 64297 Darmstadt
www.hotel-waldfriede.de
● ÖPNV: Tram 1, 7, 8, Haltestelle Carl-Ulrich-Straße

1902

Zum Wein an den Rhein

Auf dem Roten Hang in Nierstein

Lust auf ein Gläschen Wein mit Blick auf Wasser und Weinberge? Klingt wie ein fernes Urlaubsmärchen, ist aber gar nicht weit weg. Denn wer von Darmstadt aus Richtung Westen unterwegs ist, trifft nach gut 20 Kilometern durch das Ried auf den Rhein und die Rheinfähre Kornsand bei Traisa. Sie setzt Westreisende nach Rheinland-Pfalz zwischen die malerischen Weinorte Oppenheim und Nierstein über.

Bis zum Niersteiner Ortsschild geht es vom Anleger Landskrone nur etwa 1 Kilometer entlang der Bundesstraße B9 nach Norden. Nicht nur Weinliebhaber verlieben sich sofort in diese kleine Gemeinde mit ihrem charmanten Stadtkern rund um den historischen Marktplatz. Viele urige Weinwirtschaften und alte Fachwerkhöfe laden zur Einkehr und zum Verweilen ein.

Besucher können hervorragende Weine verkosten, die ringsum angebaut werden. Der Ort ist malerisch in eine hügelige Rebenlandschaft eingebettet. Und eine Wanderung in den Weinbergen begeistert mit grandiosen Aussichten auf die Gemeinde und die Rheinebene.

Besonders schön ist eine Wanderung hinauf zu Niersteins Wahrzeichen, dem Wartturm auf dem nördlichen Roten Hang. Diese Lage in Rheinhessen ist bekannt für ihre hochwertigen Weine, die mit Hingabe und Fachwissen auf dem über 200 Millionen Jahre alten, markant roten Ton-Sandstein-Boden kultiviert werden. Der Untergrund verleiht den guten Tropfen eine besondere Mineralität. Die Steillagen sind vor allem mit Riesling bepflanzt, der hier einige der elegantesten Weine Deutschlands hervorbringt, die auch international punkten.

Am Wartturm stehen auf einer kleinen Wiese Tische und Bänke für ein Picknick bereit. Der Blick über den roten Boden, die Weinreben und den blau-silbrig schimmernden Rhein bis zum hessischen Ried auf der Rheinseite gegenüber ist unvergleichlich. Der Wartturm ist auch ein beliebter Ort für die Weinpräsentation am Roten Hang jedes Jahr im Juni. Bei dem Event stellen die Niersteiner Winzer ihre Weine vor. Und ja, ein Glas Niersteiner Riesling rundet den magischen Moment wunderbar ab.

- Roter Hang, 55283 Nierstein am Rhein, www.roter-hang.de
- ÖPNV: Rheinfähre ab Kornsand zum Anleger Nierstein (30 Min. Fußweg); S6, Bahnhof Nierstein (15 Min. Fußweg)

Manche mögen's flott

Der Radschnellweg Richtung Frankfurt

Hui, da flitzen sie! Ob schnell oder gemütlich – bei welchem Radfahrer löst der neue Radschnellweg von Darmstadt in Richtung Frankfurt keine Glücksgefühle aus? Das innovative Projekt soll das Radfahren zwischen den beiden Städten attraktiver und schneller machen – alternativ zum Auto oder in Kombination mit der Bahn. Die Strecke führt parallel zur S-Bahn an Wiesen, Feldern und Orten vorbei. Ist die Strecke einmal komplett ausgebaut, beträgt die Gesamtlänge vom Holbeinsteg in Frankfurt über Neu-Isenburg, Dreieich, Langen, Egelsbach und Erzhausen bis nach Darmstadt rund 30 Kilometer.

Ob mit dem Rennrad, dem Trekkingrad, dem E-Bike, dem City- oder Lastenrad: Hier geht es ohne Wenn und Aber zügig voran. Die neue Radinfrastruktur macht es möglich: Die Wege sind breit, direkt und ampel- und kreuzungsfrei. Beim Befahren der Strecke spürt man eine ganz besondere Freiheit, wie auf einem Highway. Autobahn wäre an dieser Stelle sicher das falsche Wort. Das fängt bereits mit den Markierungen auf der tadellos geteerten Fahrbahn an. Der Weg ist fast so breit wie zwei Autospuren, getrennt durch eine gestrichelte Linie. Am Wegesrand und auf dem Asphalt taucht in gewissen Abständen das Radschnellwegsymbol auf, das sehr dem Autobahnsymbol nachempfunden ist – allerdings in Grün und mit einem Fahrrad in der Mitte. Vorsicht ist geboten, wenn man sich aus einer Seitenstraße in den Strom der Radelnden einreiht, die oft in einem haltlosen Geschwindigkeitsrausch unterwegs sind. Sehr clever: Vor solchen Einmündungen warnt das Geräusch und die Vibration auf geriffeltem Untergrund die Radler vor möglichen Gefahren. Ganz raffiniert aufgestellt sind die Müllbehälter an der Strecke. Sie sind mit der Öffnung zum Fahrer hin gekippt, der so seinen Abfall elegant entsorgen kann, ohne absteigen zu müssen. Der Radschnellweg ist komplett beleuchtet, sodass die Strecke auch nachts problemlos genutzt werden kann. Welch Raderglück: Wer hier einmal unterwegs war, möchte nicht mehr darauf verzichten.

● Ausgangspunkt: S-Bahnhof Darmstadt-Wixhausen, Messeler-Park-Straße, 64291 Darmstadt-Wixhausen

● ÖPNV: S3, Bus G, WX, Bahnhof Darmstadt-Wixhausen

Perle des Rokoko

Im Schlosspark Braunshardt

Klein und bescheiden, aber dennoch eine der wichtigsten Rokokoanlagen Deutschlands: das Schloss Braunshardt im gleichnamigen Ortsteil von Weiterstadt, das es mit der Architektur von Sanssouci in Potsdam und Wilhelmstal in Kassel aufnehmen kann. Heute steht es mitten in einem Wohngebiet und hat an der Nordseite einen knapp 30.000 Quadratmeter großen Schlosspark.
Bei Dunkelheit können der lange schmale Bau und sein vorgelagerter Springbrunnen in verschiedenen Farben angestrahlt werden. Dies geschieht zu besonderen Anlässen, wie etwa dem Schlossweihnachtsmarkt, der jedes Jahr am zweiten Advent auf dem Rundweg des Schlossparks veranstaltet wird. Im Sommer ist auf der großen Schlosswiese eine Leinwand aufgebaut und an lauen Abenden kann man hier Kinofilme erleben.
Das gepflegte Ambiente des Schlossparks dient auch als wunderbare Hochzeitskulisse im Freien. Die beiden vom Schloss parallel verlaufenden und von alten Bäumen gesäumten Parkwege am Rande der großen Schlosswiese führen zu jeweils einem verspielten Gartenpavillon mit spitz zulaufendem Dach, der bunt umpflanzt ist. Ein schönes Fotomotiv für Brautpaare oder eine Sitzgelegenheit für Spaziergänger.
Im nördlichen Teil des Parks kommen die beiden Wege zusammen und führen in einen kleinen intimen Abschnitt, an dessen Ende eine kleine Hochzeitskapelle aufgestellt ist. Umgeben von üppigem Grün und historischem Charme, ist sie ein idyllischer Ort für den Bund fürs Leben. Prinz Georg Wilhelm bekam das Gut Braunshardt von seinem Vater Landgraf Ludwig VIII. von Hessen-Darmstadt geschenkt und ließ das langgezogene Schloss im Jahr 1760 mit holländischem Mansarddach bauen. Rechtwinklig kamen an der Südseite zwei weitere Gebäude dazu: der Kavaliersbau und der Küchenbau. Im Jahr 1885 besuchte die britische Königin Victoria das Schloss. Sie nannte es in ihrem Tagebuch „buntes Pralinenkästchen", wegen der farbenfroh gestalteten Räume.

TIPP

Für Geschichtsinteressierte bietet der Förderverein Schloss Braunshardt regelmäßig Führungen an.

- Schloss Braunshardt, Schloßgartenstraße 2, 64331 Weiterstadt
  www.weiterstadt.de, www.schloss-braunshardt.org
- ÖPNV: Bus WE2, Haltestelle Weiterstadt Braunshardt Schloss

Geschätzte Biotope

An den Silzwiesen von Arheilgen

Die Silzwiesen von Darmstadt-Arheilgen sind ein 66 Hektar großes Naturschutzgebiet im Norden der Gemarkung Darmstadt und Teil des Messeler Hügellands mitten in einem ausgeprägten Mischwald. Wer den Waldpfad zwischen Dianaburg und dem Parkplatz nördlich des Bahnübergangs an der Kranichsteiner Straße geht, bemerkt: An einigen Stellen wird es plötzlich merklich heller. Moment mal! Wie kommen die Wiesen denn in eine großen Waldfläche?

Die Wiesen in den Bauchauenwäldern haben ihren Ursprung in den Zeiten des Darmstädter Großherzogtums. Man vermutet es bereits: Es ging um die Jagdleidenschaft des Adels vor den Toren der Darmstädter Jagdschlösser. Dafür wurden Wildtiere aus den umliegenden Gebieten zusammengetrieben, die Weideflächen benötigten. Mit der Rodung von Waldflächen in der Nähe des Bachs Silz entstanden Wiesen. Als einziges Flüsschen entsteht die Silz auf der Darmstädter Gemarkung in einem sumpfigen Gebiet in der Nähe der Grube Prinz von Hessen und mündet am Nordrand von Arheilgen in den Mühlbach.

Wer sich den Wiesen nähert, entdeckt neben ebenen Grünflächen auch Sumpfbereiche und hohe Gräser. Diese Inseln im Wald bieten Lebensraum für unterschiedlichste, seltene Tier- und Pflanzenarten. Über 50 Arten der „Roten Liste Hessen", die vom Hessischen Landesamt für Naturschutz, Umwelt und Geologie herausgegeben wird, sind hier heimisch. Dank der vielseitigen Böden gedeihen hier Pflanzen auf sehr engem Raum. Im späten Frühling blühen etwa die blaue und gelbe Schwertlilie. Ebenso können unterschiedlichste Orchideenarten bewundert werden. In den hohen, sonnigen Wiesen fühlen sich Ringelnattern wohl. Mit etwas Glück bekommt man den seltenen Hirschkäfer im Alteichenbestand zu Gesicht.

Zur Pflege der Wiesen und damit diese nicht unbefugt betreten werden, sind am Wegesrand immer Seile zwischen den Bäumen gespannt. Die Silzwiesen von Arheilgen sind ein erlebenswertes Refugium der Ruhe und ein Ort blühenden Lebens abseits jeder Zivilisation.

- Silzwiesen von Darmstadt-Arheilgen, 64289 Darmstadt
- ÖPNV: Tram 6, 8, Haltestelle Löwenplatz (60 Min. Fußweg)

Mutter der Porzellankiste

Am Großherzoglichen Porzellanschlösschen

Gegenüber der Kirche St. Elisabeth am Schlossgartenplatz vor dem nördlichen Eingang zum Herrengarten steht ein kunstvoll verziertes eisernes Tor halb offen. Dahinter führt ein mit Blumenkübeln gesäumter Weg durch einen Garten zu einem gelben Portal. Hier steht der neugierige Besucher vor dem pastellfarbenen Prinz-Georg-Palais, auch bekannt als Porzellanschlösschen. Das historische Gartenhaus wurde um 1710 erbaut und erst 2023 komplett saniert. Namensgeber war Prinz Georg Wilhelm, der das Palais von 1764 bis 1782 als Sommerresidenz nutzte. Es beherbergt die Großherzoglich-Hessische Porzellansammlung, die von Großherzog Ernst Ludwig von Hessen und bei Rhein gegründet wurde. Er war von 1892 bis 1918 der letzte Großherzog von Hessen und ein bekannter Mäzen und Förderer der Künste und Wissenschaften. Die Sammlung umfasst Erzeugnisse aus allen wichtigen Perioden der europäischen Porzellanherstellung.

Besonderes Augenmerk verdienen die keramischen Erzeugnisse der hofeigenen Manufaktur Kelsterbach sowie der in der Region gelegenen Manufakturen Höchst und Frankenthal. Das Museum kann von April bis Oktober besichtigt werden. Besonders zu empfehlen sind die Kombiführung, die den Prinz-Georg-Garten einschließt, sowie verschiedene Themenführungen.

Im Garten ringsum blieben die barocken Strukturen und die lauschige, private Atmosphäre bis heute erhalten. Auf der Südseite des Palaisgartens spaziert man zwischen Stallgebäude und Remise in den Orangeriegarten. Er diente einst als Gartentheater mit Teehäuschen und Vogelvoliere. Vor dem Teehäuschen sind mehrere Reihen mit weißen Pflanzenkübeln und kleinen Obstbäumen darin aufgestellt. Auch heute wird diese Parallele zum Prinz-Georg-Garten als natürliche Theaterkulisse und für Hochzeiten und Stehempfänge unter freiem Himmel gerne genutzt. Insgesamt lässt sich beim Schreiten über die idyllischen Wege des Palaisgartens dem zeittypischen Lebensgefühl der heiteren Lustbarkeit nachspüren.

- Großherzoglich-Hessische Porzellansammlung, Schlossgartenstraße 10, 64289 Darmstadt, www.porzellanmuseum-darmstadt.de
- ÖPNV: diverse Linien, Haltestelle Pallaswiesenstraße (5 Min. Fußweg)

Geheimnisvoller Fluss

An der Quelle des Darmbachs

Darmstadt ist bekanntlich eine Großstadt. Doch wo ist ihr Fluss? Das größte Fließgewässer Darmstadts, der Darmbach, entspringt aus mehreren Quellen im Odenwald. Um das Geheimnis zu lüften, führt der Weg zum wohl schönsten und bedeutendsten Ursprung, der Darmbachquelle.

Startpunkt für eine Wanderung oder Radtour ist der Bahnhof TU Lichtwiese der Odenwaldbahn. Die Pause in der Natur beginnt auf einem flach ansteigenden Waldpfad in Richtung Fischteiche, die bereits von der Darmbachquelle gespeist werden. Von dort sind es nur noch 600 Meter bis zum Ursprung.

Der Darmbach entspringt unterhalb des Waldwegs aus einer ummauerten Anlage mit der gemeißelten Inschrift „Darmbach 1937". Dieser verwunschene Ort ist sicher die schönste Geburt des zunächst noch kleinen Rinnsals. Die Quelle speist zunächst den Oberjägermeisterteich unterhalb. Das Waldpanorama spiegelt sich auf der glatten Teichoberfläche, passend zur Stille, die diesen magischen Ort umgibt. Libellen auf Nahrungssuche ziehen an den Ufern ihre Kreise und wirbeln mit ihren langen Flügeln das stille Wasser auf. Ein magisches Plätzchen im Wald, das mit Sitzmöglichkeiten und Teichblick zum Pausieren und Genießen einlädt. Wer über ein Picknick hinaus noch mehr Appetit hat, kann auf dem Rückweg im Restaurant Fischerhütte einkehren (Glücksort 40), in idyllischer Lage an den Fischteichen.

Von hier aus setzt der Darmbach seine Reise weiter in Richtung Darmstadt fort. In Erscheinung tritt er im Botanischen Garten (Glücksort 1) und als Zufluss des Großen Woogs (Glücksort 53). Dieser Zufluss zu zwei verschiedenen Seiten im Südosten formt die Badeinsel, auf der sich im Sommer viele sonnenhungrige Darmstädter tummeln und die Abkühlung im frischen, kühlen Quellwasser genießen. Gegenüber fließt der Darmbach aus dem See über einen 200 Meter langen Kanal an der Rudolf-Müller-Anlage (Glücksort 10) ab und verläuft nun unterirdisch, bevor er seinen Weg nach dem Auftauchen im Nordwesten Richtung Rhein weiter fortsetzt.

● Darmbachquelle, Unterer Pürschweg, 64372 Ober-Ramstadt/Traisa

● ÖPNV: Odenwaldbahn RB81, RB82, Haltestelle TU Lichtwiese/Bahnhof (30 Min. Fußweg); Tram 2, Bus L, Haltestelle TU Lichtwiese/Campus (35 Min. Fußweg); Bus NE, Haltestelle Mühltal-Traisa Tannenstraße (30 Min. Fußweg)

Kunst unter freiem Himmel

Im Skulpturengarten auf der Ludwigshöhe

Der Skulpturengarten auf der Ludwigshöhe in Darmstadt-Bessungen ist ein faszinierender Ort, geschaffen vom Künstlerehepaar Elisabeth und Joachim Kuhlmann, die sich einen Lebenstraum erfüllt haben. Die Sonntagsführungen von Elisabeth Kuhlmann sollten sich Kunst- und Kulturfreunde nicht entgehen lassen. Heute ist es kaum vorstellbar, dass das liebevoll gepflegte Areal mitten im Wald aus einem ehemaligen Militärgelände hervorgegangen ist.

Auf einer Fläche von 4000 Quadratmetern präsentieren sich die Skulpturen, Plastiken, Objekte und Installationen der Kuhlmanns wie ein Gesamtkunstwerk. Dabei sind eigene Kreationen oft aus Fund- und Sammlerstücken entstanden, die auf dem Waldgelände mit passenden botanischen Elementen kunstvoll arrangiert wurden. Die Plastiken fügen sich über verschiedene Achsen und Perspektiven harmonisch in die natürliche Umgebung ein.

Für diesen einzigartigen Ort gibt es für die Kuhlmanns unterschiedliche Arten der Inspiration. Der Paradies- und Künstlergarten auf einem ehemaligen Wehrmachtsgelände ist als grüne Oase ein Symbol für die Wiedergeburt. Für Elisabeth und Joachim Kuhlmann, die aus der ehemaligen DDR geflohen sind, bot sich hier eine neue, freie Lebensperspektive ohne Zensur auf. Mit diesen positiven Wandlungen ist der Skulpturengarten ein natürlicher Ort des Muts und des Glücks. Er ist nicht nur ein Ort für Kunst, sondern auch ein Zeugnis der Geschichte, die durch die Exponate im Garten reflektiert wird.

Joachim Kuhlmann begann seine künstlerische Karriere mit plastischen Malereien. Einige davon können in einem Atelier bestaunt werden. Über die Malerei fand er schließlich zur Bildhauerei. Elisabeth Kuhlmann, studierte Kunstpädagogin und Maskenbildnerin, bringt das Raumgefühl und das Grün mit in den Garten, lässt Kunst und Botanik zu einem Bild verschmelzen. Der Skulpturengarten ist ein Ort, der Besucher dazu einlädt, über die Vergangenheit nachzudenken, während sie zugleich die Schönheit der Kunst und der Natur genießen können.

TIPP

Zwischen Frühjahr und Herbst finden die Sonntagsführungen durch den Skulpturengarten statt.

- Skulpturengarten Darmstadt, Auf der Ludwigshöhe 202, 64285 Darmstadt
  www.skulpturengarten-darmstadt.de
- ÖPNV: Tram 1, 6, 7, 8, Haltestelle Marienhöhe (25 Min. Fußweg)

Adelige Sommerresidenz

Staatspark Fürstenlager in Bensheim-Auerbach

20 Kilometer Entfernung südlich von Darmstadt waren weit genug, um den höfischen Zwängen zu entfliehen. So empfanden es im späten 18. Jahrhundert wohl die hessen-darmstädtischen Erbprinzen Ludwig und seine Frau Luise, als sie hier zu einem ersten Kurbesuch eintrafen. Als Ludwig regierender Landgraf wurde, ließen sie die bestehenden Gebäude im kleinen Dorf erweitern. Auch heute ist das hübsche Gebäudeensemble als Teil eines großen Landschaftsparks mit wunderbar angelegten Wegen ein beliebtes Ausflugsziel im Rhein-Main-Neckar-Raum – zum Lustwandeln und Herunterkommen vom Alltag.

Über die Bachgasse in Bensheim-Auerbach und weitere Abzweigungen finden Besucher von Norden und Westen einen guten Einstieg zum Staatspark Fürstenlager. Ländlichen Charme versprüht schon der Abstieg in das Seitental am Rand des Odenwalds, in dem die Häuser des Dorfs stehen. Lusthäuschen, Gartentempel und Denkmäler wurden durch ein Alleennetz verbunden und laden zu ausgedehnten Spaziergängen ein. Der Park war ursprünglich als englischer Garten konzipiert, der sich harmonisch in die Landschaft einfügt, eingefasst von steilen Wald-, Wiesen- und Weinhängen. Im Laufe der Zeit wurden viele exotische Bäume und Sträucher gepflanzt, die dem Park eine besondere Atmosphäre verleihen. Vorbei an einem der größten und ältesten Riesenmammutbäume Deutschlands führt ein reizvoller Weg vom Herrenhaus entlang der Herrenwiese bergauf zum Freundschaftstempel. Er wurde 1824 mit einem Kuppeldach auf acht Holzpfeilern erbaut. Die jetzige Konstruktion ist eine Nachbildung. Am Ende des Wegs wird der Besucher mit einem weiten Blick über die Weinberge, den Odenwald, auf Bensheim und den Pfälzer Wald belohnt. Wer nun hungrig geworden ist, findet nach einem Spaziergang durch den Park am Herrenhaus im dortigen Kiosk ein kleines, aber feines Angebot regionaler Speisen aus der Region, darunter „Hessische Tabbas".

TIPP

Es gibt mehrere spannende, 90-minütige Parkführungen, wie die Funzelführung bei Dämmerung.

- Staatspark Fürstenlager, Bachgasse, 64625 Bensheim
- ÖPNV: RE60, RE67, RE68, Bahnhof Bensheim-Auerbach (20 Min. Fußweg)

Historische Spuren

Zum alten und neuen Marientempel

Der wohl mit Abstand am besten versteckte grüne Glücksort in diesem Buch liegt in einem einst gut besuchten Waldstück auf der Marienhöhe. Er ist gleichzeitig ein Zeugnis des Verfalls eines vor dem Zweiten Weltkrieg beliebten, prächtigen Parks, der heute allenfalls noch schemenhaft zu erkennen ist. Großherzog Ludwig III. ließ ihn Anfang des 19. Jahrhunderts anlegen.

Hier suchten Spaziergänger Ruhe und Erholung und konnten auf geschwungenen Wegen die Aussicht auf der damals noch kaum bewaldeten Erhebung über die Rheinebene genießen. Bäume wurden einzeln und gezielt gepflanzt und so manches exotische Exemplar hat hier seine Wurzeln geschlagen. Der Park war Teil eines Landschaftskonzepts mit einer Vielzahl von Orten zur Erholung, das sich vom Frankfurter Grüngürtel bis nach Viernheim erstreckte.

Dieser einst blühende Waldpark Marienhöhe ist heute verwildert. Die Natur hat sich ihren Raum zurückerobert. Selbst die alten Parkwege lassen sich hier manchmal nur erahnen und durch heruntergetrampelte Fußpfade identifizieren. Doch diese Landschaft hat heute einen ebenso natürlichen wie auch historischen Reiz.

Ein barocker Kuppelbau zierte einst diesen Ort. Der alte Marientempel stand majestätisch auf einer Anhöhe und bot einen atemberaubenden Blick über die umliegende Landschaft. Anfang des 20. Jahrhunderts stürzte der Tempel ein. Ein Schild weist auf die Steinstelen hin, die von Sponsoren zur Erinnerung an die Zeit gestiftet wurden. Als symbolische Zeugen vergangener Pracht laden sie zum Innehalten und Nachdenken ein.

1936 wurde der neue Marientempel erbaut, etwa 200 Meter weiter westlich als sein Vorgänger. Dieser Tempel, auch als Schembs-Tempel bekannt, steht bis heute: Acht Holzpfähle tragen ein spitzes Schieferdach. Seine Architektur erinnert an vergangene Zeiten und lädt zum Verweilen ein. Der Marientempel, ob alt oder neu, verbindet Vergangenheit und Gegenwart. Die Natur ist dabei glücklicherweise immer die Gewinnerin.

- Marientempel auf der Marienhöhe, 64297 Darmstadt
- ÖPNV: Tram 1, 6, 7, 8, Haltestelle Marienhöhe (20 Min. Fußweg)

Kletterfreuden im Granit

Durch das Felsenmeer von Lautertal

Ein besonderes Naturphänomen erstreckt sich vom Felsberg oberhalb von Lautertal-Reichenbach 1 Kilometer ins Tal. 200.000 Besucher kommen jedes Jahr in dieses Naturschutzgebiet. Das Felsenmeer ist eines der beliebtesten Ausflugsziele im Odenwald. Wer es nicht ganz so überlaufen mag, kommt im Frühjahr oder im Herbst, wenn der Felsfluss einen leuchtendroten Laubstrom führt.

Das Felsenmeer besteht aus einer riesigen Ansammlung mächtiger, dicht gepackter Granitblöcke. Es wirkt fast so, als seien sie einst den Berghang hinabgestoßen worden. Tatsächlich ist die jahrhundertealte Geschichte des Felsenmeers von Legenden umwoben. Einer Sage nach hausten zwei Riesen in der Gegend von Reichenbach. Als sie in Streit gerieten, bewarfen sie sich mit Felsbrocken. Wer eine wissenschaftliche Erklärung sucht, findet im Felsenmeer-Informationszentrum (FIZ) am Fuß des Felsbergs spannende Einblicke in die Entstehungsgeschichte der einzigartigen Landschaft und kann sich über die römische Steinbearbeitung informieren.

Das FIZ ist auch der ideale Startpunkt für eine Wanderung hinauf auf den 514 Meter hohen Felsberg. Eingebettet in Buchenwälder mit Quellen und Bächen schreitet man einen großen Rundweg hinauf zur Riesensäule. An den großen Felsblöcken haben insbesondere Kinder Spaß am Klettern und Spielen. Hier sind gute Kondition, Geschicklichkeit und passendes Schuhwerk unverzichtbar.

Abseits der Kletterfelsen sind die Steine mit Moosen und Flechten bewachsen. Nach einer Weile ist das markante, römische Relikt erreicht: Mit über 9 Metern Länge und 27,5 Tonnen Gewicht liegt das nahezu fertige Werkstück im Felsbergwald. Die Geschichte hinter der Riesensäule geht auf die Zeit um 320 n. Chr. zurück, als der römische Kaiser Konstantin der Große eine große Kirche in Trier plante, für die die Säule wohlmöglich bestimmt war. Eine Beschädigung mag der Grund gewesen sein, warum sie nicht verwendet wurde. Abenteuerlustige erwartet eine mystische Zeitreise durch die Natur mit Spaßfaktor.

● Felsenmeer-Informationszentrum, Felsenmeer 3, 64686 Lautertal (Odenwald)
www.felsenmeer-zentrum.de

● ÖPNV: Bus MO2, Haltestelle Reichenbach Felsenmeer;
Bus 664, 665, Haltestelle Reichenbach Markt (15 Min. Fußweg)

Was hüpft denn da?

Unter Kängurus im Zoo Vivarium

Hopp, hopp, hopp. Das begehbare Gehege für Bennett-Kängurus ist ein Highlight im Zoo Vivarium. Die Kängurus hüpfen hier frei herum, sodass Besucher sie aus nächster Nähe betrachten können. Immer wieder bleiben sie reglos stehen und fixieren die Eindringlinge kritisch mit ihren Blicken. Viele Besucher kramen dann hastig ihr Smartphone heraus und drücken auf den Auslöser. Der lange Schwanz stabilisiert die putzigen Beuteltiere, die in Tasmanien verbreitet sind und sich ausschließlich vegetarisch ernähren. Wer Glück hat, sieht den Nachwuchs aus dem Beutel lugen.

In Sachen Nachwuchs engagiert sich der kleine Zoo im Osten Darmstadts in zahlreichen nationalen und internationalen Schutzprogrammen für bedrohte Tierarten. Die „Big Five" wird man hier allerdings nicht antreffen – keine Elefanten, Nashörner, Büffel, Löwen oder Leoparden. Aber genau das macht den Tierpark so charmant, denn die kleineren Tiere bis zu den Insekten kommen hier ganz groß heraus. In artgerechten Gehegen, Terrarien und Aquarien leben auf einer Fläche von 5 Hektar 190 Tierarten mit etwa 2000 exotischen und einheimischen Exemplaren. Darunter farbenprächtige Vögel, tropische Meeresbewohner und wendige Reptilien. Zu den Publikumslieblingen zählen auch die Bolivianischen Totenkopfaffen. Die kleinen Primaten mit einem Gewicht von durchschnittlich weniger als 1 Kilogramm sind im 2014 neu gebauten Affenhaus untergebracht, das an eine große Freianlage grenzt. Sie bewegen sich auf allen Vieren und dabei sehr schnell und geschickt von Ast zu Ast. Diese Show sollte sich keiner entgehen lassen. Weitere sehenswerte Highlights sind das Haus der Terrarien und Aquarien, das Tropenhaus, die Afrikaanlage mit Zebras und Antilopen, das Papageienhaus und die Wiese mit den Riesenschildkröten.

Wer nach seiner Safari hungrig geworden ist, kann sich in Eingangsnähe im Café Eulenpick mit kleinen Gerichten und Getränken stärken. Und wer sein Lieblingstier gefunden hat, kann den Zoo mit einer Tierpatenschaft unterstützen.

TIPP

Viel Spaß machen die kommentierten Schaufütterungen.

● Zoo Vivarium Darmstadt, Schnampelweg 5, 64287 Darmstadt
www.zoo-vivarium.de
● ÖPNV: Bus L, Haltestelle Botanischer Garten/Vivarium

Reise in die Urzeit

Fossilienfunde in der Grube Messel

Die Grube Messel, 10 Kilometer östlich von Darmstadt, ist heute ein wundersamer Glücksort, dank des energischen Widerstands von Anwohnern und Paleontologen in den späten 1980er-Jahren. Denn die hessische Landesregierung wollte aus dem prähistorischen Vulkansee tatsächlich eine Mülldeponie machen. Zuvor wurde hier seit 1859 Eisenerz und später bis zum Jahr 1971 Ölschiefer abgebaut.

Nach Beendigung der Bergbautätigkeit war man bemüht, das über 100 Meter breite und etwa 70 Meter tiefe Tagebauloch zu entfernen. Nach dem Scheitern der Pläne für eine Mülldeponie wurde die Grube Messel im Jahr 1995 zum UNESCO-Weltnaturerbe erklärt. Sie gibt einzigartigen Aufschluss über die frühe Evolution der Säugetiere und dokumentiert die Entwicklungsgeschichte der Erde vor 48 Millionen Jahren.

Die Fossilien sind außergewöhnlich gut erhalten und zeigen eine große Vielfalt an Pflanzen und Tieren, die in einem subtropischen Urwald lebten, in einer Zeit, als die Erdplatte unserer heutigen Region noch deutlich weiter im Süden zu finden war. Sie lehrt uns viel über die Evolution und die Umweltveränderungen. Im Besucherzentrum gibt es eine anschauliche multimediale Ausstellung. Zudem können hier einige der spektakulärsten Fossilienfunde bewundert werden, wie das Urpferdchen, das zu einer Art Wahrzeichen für die Grube geworden ist.

Erstbesuchern sei die einstündige Schnuppertour ans Herz gelegt, die ganzjährig mehrmals täglich stattfindet. Bei einer Gruppenführung tut sich das große, sonst verschlossene Tor zur Grube auf. Am Wegesrand weist die Expertin auf überall herumliegende schwarze Brocken hin. Hält man einen dieser Brocken in der Hand, entpuppt er sich als kleine Ölschieferplatte, die ohne große Krafteinwirkung zerbröselt. In diesen Platten sind die Fossilien bis zu ihrer Entdeckung eingeschlossen. Wie die Funde konserviert werden und wie sich Fossilien anfühlen, erfährt man nur hier. Man fühlt sich beinah selbst wie ein Archäologe bei einer Ausgrabung. Ein wunderbares Erlebnis.

TIPP

Für die Führungen sind Anmeldungen über die Website oder telefonisch erforderlich.

- Welterbe Grube Messel, Roßdörfer Straße 108, 64409 Messel
www.grube-messel.de
- ÖPNV: Bus FM, Haltestelle Grube Messel Besucherzentrum Abzweig (10 Min. Fußweg)

Im Einklang mit der Natur

Auf dem Waldkunstpfad

Welch ein Glück, wenn sich die Menschen den Wald zunutze machen und ihn damit gleichzeitig schützen. Mit diesem Win-win-Gedanken brachte Ute Ritschel im Jahr 2002 erstmals die Kunst in den Wald. Sie ist die Kuratorin des Internationalen Waldkunstpfads in Darmstadt, der vom Verein für Internationale Waldkunst e. V. alle 2 Jahre veranstaltet wird. Auf einer gut 3 Kilometer langen Strecke, beginnend am Böllenfalltor bis hinauf zur Ludwigshöhe, präsentiert der Pfad Kunstwerke, die in einem unmittelbar vorausgegangenen Symposium entstanden sind. Durch die Kombination von Kunst und Natur werden die Besucher zu Pfadfindern und angeregt, über ihre Beziehung zur Umwelt nachzudenken, die sie vielleicht dann neu definieren. Zur 20-jährigen Jubiläumsausgabe 2022 hatte der Internationale Waldkunstpfad das Thema „Kunst Natur Wandel".

TIPP

Im Waldkunst Zentrum in der Ludwigshöhstraße kann eine Broschüre mit Lageplan der Kunstwerke erworben werden.

Zu den dezenten Formaten gehört beispielsweise die Installation „Miniatur-Strohhüte", die sich um die Eiche am Eingang zur Alten Bogenschneise schlängelt – eine zauberhafte Arbeit der taiwanesischen Künstlerin Lee Kuei-Chih. Aus ganzen Ästen dagegen zimmerte der Schweizer Ernest Daetwyler, der heute in Kanada lebt, ein riesiges Boot – getreu dem Motto: Wir sitzen alle im selben. Und es zieht die Menschen direkt hinein in den Rumpf, denn hier kann Platz genommen werden. Der Südkoreaner Ri Eung Woo stellte einen geschlechtslosen Menschenriesen aus gebundenem Bambus auf, dessen leere, zu einem Ring geformte Arme einen Baum umfassen wollen, den es nicht mehr gibt. Kleine orange Farbtupfer, die von den Ästen baumeln, entpuppten sich bei näherer Betrachtung als Kautschuk-Quallen der jungen Darmstädter Künstlerin Kim Rathenau.

Im September und Oktober eines Ausstellungsjahres und meist noch darüber hinaus können Waldbesucher die Kunstwerke auf sich wirken lassen. Das Internationale Waldkunst Zentrum (IWZ) zeigt zudem Kunstwerke vergangener Ausstellungen und bietet Workshops, Führungen sowie ein Waldkunst-Kindercamp an.

- Internationaler Waldkunstpfad, Nieder-Ramstädter Straße 251, 64285 Darmstadt, www.waldkunst.com
- ÖPNV: Tram 9, Bus NE, R, N, O, Haltestelle Böllenfalltor

Lebhafte Landschaft

Spaziergang durch den Griesheimer Bruch

Der Griesheimer Bruch ist ein erlebbares Naturschutzgebiet mit einem weitläufigen Wald- und Wiesenstreifen am westlichen Rand von Griesheim und nördlich der B26. Das Gebiet hat eine Fläche von etwa 35 Hektar und steht seit dem Jahr 2000 unter Naturschutz. Wie der Name Bruch andeutet, geht es hier eher feucht zu. Das ehemalige Niedermoorgebiet beherbergt heute nasses Grünland, Brachflächen und Gehölzgruppen. Solche Lebensräume sind voller Leben, das hier lautstark zu vernehmen ist und zu schützen gilt.

Der Griesheimer Bruch bietet nicht nur einen hohen ökologischen Wert, sondern auch eine hohe Erholungsqualität. Es gibt mehrere Feld- und Waldwege, die zum Spazieren und Radfahren einladen. Von Darmstadt aus bietet sich eine Tour mit dem Rad an. Von der B26 führt als Ausgangspunkt eine kleine gerade Straße zum Angelsportverein Griesheim. Auf der rechten Seite in einem dicht bewachsenen Grünstreifen mit kleinem Wassergraben fühlen sich viele heimische Amphibienarten fröhlich quakend hörbar wohl. Dazu gehören Kammmolch, Erdkröte, Grasfrosch, Laubfrosch und Teichmolch. Die Feuchtbiotope werden durch extensive Landwirtschaft und Nutzung des Grünlands sowie eine Anhebung des Grundwasserstands erhalten und gepflegt, was Lebensraum für seltene und gefährdete Tier- und Pflanzenarten in der Hessischen Rheinebene schafft. Dieser ist auch Teil des EU-Vogelschutzgebiets Hessische Altneckarschlingen. So können hier beispielsweise Fischreiher beobachtet werden, die es an die Fischteiche zieht. Die Straße endet an den Angelteichen, die vom Angelsportverein Griesheim bewirtschaftet werden.

Die Gaststätte des Vereins ist für Besucher zu bestimmten Zeiten geöffnet und hat einen Spielplatz. Am 1. Mai, an Christi Himmelfahrt und Pfingsten werden hier fröhliche Feste mit Livemusik gefeiert. Unbedingt probieren: Backfisch im würzigen Bierteig. An dem großen Teich unter Sonnenschirmen sitzend, kommt echtes Urlaubsfeeling auf.

● Griesheimer Bruch, 64347 Griesheim

● ÖPNV: Tram 9, Haltestelle Griesheim Platz Bar-Le-Duc (30 Min. Fußweg); Bus 42, 44, 45, 46, 62, Haltestelle Griesheim Schulgasse (20 Min. Fußweg)

Mit Ecken und Kanten

Portion Grünes am Achteckhaus

Am Achteckhaus im Martinsviertel kommen viele Menschen vorbei, ohne es je bemerkt zu haben. Höchste Zeit, das Geheimnis um die Renaissance-Perle von Baumeister Jakob Müller aus dem frühen 17. Jahrhundert und ihre kürzlich erweiterte Grünanlage zu lüften. Schon in der Zeit von 1979 bis 1982 wurde das Haus mit den acht Ecken restauriert. Das Zeltdach wurde wiederhergestellt, womit sich die ursprüngliche Ausstrahlung des Gebäudes neu entpuppte. Die Grünanlage rund um das Achteckhaus wurde 2015 neu gestaltet und das unbewohnbare Hinterhaus abgerissen. Nach Abschluss der Maßnahme lässt sich nun die ursprüngliche Wirkung des Baudenkmals in einem großzügigen Gartengrundstück des Landgrafen Ludwig V. wieder erahnen. Auf einer Fläche von etwa 1000 Quadratmetern bietet sich ein attraktiver grüner Aufenthaltsort mitten in der Stadt.

TIPP

Coole Jazz-Sessions im Kellergewölbe des Jazzclub Darmstadt (www.jazzclub-darmstadt.de).

Wer die Anlage an der Mauerstraße betritt, schreitet auf einem breiten Weg mit Sitzgelegenheiten am Rand und einem umgebenden Grünstreifen direkt auf das Achteckhaus zu. Ein geschwungener weiterer Wegeverlauf auf der Ost- und Südseite erlaubt die Blickbeziehung auf das gesamte Achteckhaus. Das Pflaster wurde sorgfältig ausgewählt, um die baugeschichtliche Bedeutsamkeit des Hauses zu betonen. Heute sind hier die Büros für den Konzertchor Darmstadt und die Darmstädter Residenzfestspiele untergebracht. Der Keller des Achteckhauses wurde vom Jazzclub Darmstadt adaptiert.

Auf der südöstlichen Seite führen ein Parkweg in einer Kurve sowie Treppenstufen auf direktem Weg zu einem höher gelegenen Plateau, auf dem sich ein großer Spielplatz befindet. Dieser bietet den Kindern eine fröhliche Umgebung zum Spielen und Toben an. Eltern können sich auf den seitlichen Bänken ausruhen und ihre Kleinen beobachten. Ein beliebter Treffpunkt für Familien im Martinsviertel, der zur lebendigen Atmosphäre dieses historischen Stadtteils beiträgt. Rundum ein grüner Schatz in zentraler Lage, der in der Nähe vieler Studentenkneipen und Cafés einen Abstecher wert ist.

- Achteckhaus, Mauerstraße 17, 64289 Darmstadt
- ÖPNV: Bus H, K, Haltestelle Alexanderstraße/TU

Das hessische Stonehenge

Jungsteinzeitliche Menhiranlage

Stonehenge ist berühmt. Jedenfalls das vor über 4000 Jahren in der Jungsteinzeit errichtete und bis in die Bronzezeit genutzte Bauwerk kreisförmig angeordneter Granitsteine in der Nähe von Amesbury, England. Tatsächlich gibt es in der Darmstädter Gemarkung ein ähnliches Gebilde, wenn auch kleiner. Die Menhiranlage liegt im inneren Rand des Naturschutzgebiets Scheftheimer Wiesen an der Gemeindegrenze zu Roßdorf und ist nur zu Fuß oder mit dem Fahrrad zu erreichen. Erst seit 2011 ist sie auf Initiative des Kulturhistorischen Vereins Roßdorf für die Öffentlichkeit ganzjährig frei zugänglich. Schon kommt Entdeckerlust auf.

Idealer Ausgangspunkt für einen Spaziergang oder eine Radtour zur Menhiranlage ist der Parkplatz am Steinbrücker Teich (Glücksort 33). Von hier führt ein idyllischer Waldweg am Ruthsenbach entlang in die Landschaft der Scheftheimer Wiesen. Hinter einer Informationstafel geht es entlang eines kleinen Wegs über eine Brücke, unter der der Bach hindurchfließt, auf eine eingezäunte Rasenfläche. Und dort schauen sie majestätisch hervor: eine Reihe von sieben, senkrecht aufgestellten, hüftgroßen Steinen aus Granitporphyr, wie wir sie durch unseren Kindheitshelden Obelix kennen. Der hat sie aber wohl nicht hierher gebracht. Der Roßdorfer Heimatforscher Heinrich Gunkel, der sie hier 1967 entdeckte, setzte sich für ihren Schutz ein. Den hiesigen Bauern waren die Felsklötze zuvor ein Hindernis bei der Bewirtschaftung ihrer Felder, sodass sie mit zunehmender Mechanisierung einfach einige schredderten und abtransportierten.

TIPP

Der Kulturhistorische Verein Roßdorf bietet Führungen an und unterhält ein eigenes Museum (www.khvr.de).

Aber was hat es mit den rätselhaften Überbleibseln des Steinkreises wirklich auf sich? Trotz vieler Erklärungsversuche ist die Bedeutung bis heute nicht eindeutig nachgewiesen. Man kann nur vermuten, warum die mystischen Steine zu solchen Formen behauen und über eine Distanz von knapp 2 Kilometern auf die Hirtenwiese am südlichen Ende der Scheftheimer Wiesen gebracht wurden. Ein kultischer Zweck gilt als naheliegend. Was für ein magischer Ort.

- Menhiranlage, Scheftheimer Wiesen, 64287 Darmstadt
- ÖPNV: Bus F, FM, Haltestelle Oberwaldhaus

Zum Abtauchen

Im schicken Jugendstilbad

Das stilvolle Badezentrum, das zwischen 2005 und 2008 modernisiert und liebevoll restauriert wurde, weckt bereits am Eingang Glücksgefühle. Es ist die pure Vorfreude auf eine kleine Auszeit und Verwöhnpause in historischer Umgebung mit natürlichen Elementen. Zwischen 1907 und 1909 in der Epoche des Jugendstils entstanden, war das Jugendstilbad bis zu seiner Modernisierung die städtische Badeanstalt oder das städtische Hallenbad. Die drei Flügel des Gebäudes beherbergten zu Beginn ein nach Geschlechtern getrenntes Herrenbad, ein Damenbad sowie Wannen- und Duschbäder für Teile der Bevölkerung, die keine eigenen Badezimmer besaßen.

Mit der Umwandlung entstand eine erlebnisreiche Bade- und Wellnesslandschaft für die ganze Familie, die ihren alten Charme mit Jugendstilelementen bewahrt hat. Zum Schwimmen laden der Pool im ehemaligen Herrenbad, das Kinderbecken für die Kleinsten und ein Whirlpool im Inneren ein. Als ein grüner Glücksort entpuppt sich das Jugendstilbad mit ein paar Schwimmzügen ins Freie. Und zwar zu jeder Jahreszeit. Durch eine Schleuse gelangt der Badegast in das angenehm temperierte Außenbecken. Hier drehen Wasserratten ihre Runden unter freiem Himmel oder gönnen sich an den Schwallduschen eine Nackenmassage. Nach Süden und Westen erstreckt sich grüner Rasen, fast so als ob man ein Bad auf einer Wiese nimmt. In der warmen Jahreszeit sind die vielen Liegestühle heiß begehrt. Der malerische Blick reicht auf den restaurierten Turm des Jugendstilbads. Im Westen wird die Liegewiese durch die historische Stadtmauer begrenzt, die am Fuß mit hohen Gräsern und Sträuchern hübsch bepflanzt ist.

Innen locken zudem ein Spa-Bereich mit Salzgrotte, Dampfbad und Sprudelbecken und eine große Saunalandschaft mit Massage- und Wellnessangeboten. Von der Saunaterrasse oberhalb des Außenbeckens blickt man auf die grüne Liegewiese und die historische Stadtmauer, die abends hübsch beleuchtet sind. Perfekt, um den Tag in Ruhe ausklingen zu lassen.

TIPP

Event-Dauerbrenner sind die Mitternachtssauna, die Sommerlounge und der Lichterzauber. Termine auf der Website.

● Jugendstilbad Darmstadt, Mercksplatz 1, 64287 Darmstadt
www.jugendstilbad.de
● ÖPNV: diverse Linien, Haltestelle Jugendstilbad;
Bus L, Haltestelle Merksplatz

Hoch hinaus

Im Goldschmidts-Park in Seeheim

An der Bergstraße gibt es viele Gelegenheiten, auf dem sich nach Süden ziehenden Bergkamm zu wandern, die Seele baumeln zu lassen und atemberaubende Blicke auf die Orte im Tal zu genießen. Ein heißer Tipp nicht weit von Darmstadt ist der Goldschmidts-Park in Seeheim. Er erstreckt sich über eine Hanglage und wurde im Stil eines englischen Gartens gestaltet.

Von der Heidelberger Straße auf Höhe der Trambahnhaltestelle Tannenbergstraße läuft der Freiluftenthusiast über die Abzweigungen Heinrichstraße, Bergstraße eine Viertelstunde durch eine hübsche Wohnsiedlung am Hang in die Villastraße. Die Strecke ist zudem mit Wegweisern der Pension Goldschmidts-Park versehen. Von einem großen Parkplatz am Ende der Villastraße führt eine lange Treppe zum Park hinauf. Barrierefrei führt die Straße weiter durch ein Waldstück und macht einen Schlenker zum Parkeingang. Zu Beginn fällt direkt eine schöne alte Villa ins Auge, die heute als Bed & Breakfast genutzt wird. Die Wege von hier sind parallel und terrassenartig auf verschiedenen Höhen angelegt, sodass sich beeindruckende Sichtachsen auf die Bergstraße und das Rheintal ergeben. Von der charakteristischen, langen weißen Ballustrade gegenüber der Villa fällt der Blick auf einen hübschen Barockgarten mit Teichbassin und kleinem Springbrunnen. Die Wegesränder sind mit exotischen und einheimischen Gehölzen versehen, darunter Mammutbäume, Edelkastanien und eine Trauerbuche mit riesigem Umfang.

Die Ursprünge des Parks reichen bis ins Jahr 1870, als die Villa erbaut wurde. Im Laufe des 20. Jahrhunderts erfuhr sie mehrere Umbauten. Nach der Zerstörung im Zweiten Weltkrieg erfolgte der Wiederaufbau durch die Firma Goldschmidt, der bis heute weitgehend erhalten ist. Das Lufthansa Schulungszentrum oberhalb des Parks ist mit den Parkwegen verbunden. Obwohl der Park viele Besucher anzieht, strahlt er wohltuende Ruhe und Gelassenheit hoch über den Dächern Seeheims aus.

- Goldschmidts-Park, Villastraße, 64342 Seeheim-Jugenheim
- ÖPNV: Tram 6, 8, Seeheim Tannenbergstraße (15 Min. Fußweg)

Zu Gast bei den Landgrafen

Im Park von Jagdschloss Kranichstein

Das Jagdschloss Kranichstein in Darmstadt ist ein besonderes Bauwerk, das die Geschichte und Kultur der hessischen Landgrafen widerspiegelt und sich malerisch in die Landschaft einfügt. Das Gebäude im Renaissancestil hat einen schönen Innenhof. Es wurde im späten 16. Jahrhundert als Jagdresidenz erbaut und ist einer der wenigen erhaltenen barocken Jägerhöfe in Deutschland. Vom Kuppelbau hatte man einen guten Blick auf die für die Parforcejagd angelegten Schneisen. Jagdschloss Kranichstein war einer der Schauplätze der Jagdtradition, die im 17. und 18. Jahrhundert in Europa verbreitet war. Die hessischen Landgrafen veranstalteten hier prächtige Jagdfeste mit vielen Gästen und Musik. Im 19. Jahrhundert wurde die Schlossanlage nicht mehr als Jagdschloss, sondern als Sommersitz genutzt. Das Schloss beherbergt heute ein Museum, das die höfische Jagdtradition und biologische Vielfalt der Region zeigt. Ebenso Teil des Schlosses ist heute ein Hotel mit Restaurant, in dem man sich wie eine Landgräfin oder ein Schlossherr verwöhnen lassen kann.

Umgeben ist das Schloss von einem großen Park mit vielen seltenen Baumarten. Vom Parkplatz vor dem Zeughaus führt ein idyllischer Waldweg zum Schlossgelände am Backhausteich entlang, der ursprünglich zur Fisch- und Geflügelzucht für die Versorgung der Hofgesellschaft angelegt wurde. Über den Parforcehof geht es durch ein Tor in den Park, der im Stil eines englischen Landschaftsgartens gestaltet ist und einen schönen Blick auf die prunkvolle Schlossfassade bietet. Die Öffnungszeiten der Parks und des Museums stehen auf den Schildern und auf der Website des Jagdschlosses. In der ehemaligen Fasanerie und im angrenzenden Wildpark Kranichstein kann man heimische Tiere beobachten. Dazu gehören Damwild, Mufflons, Wildschweine, Fasane und Pfauen.

Das Jagdschloss Kranichstein mit seiner Geschichte, seiner Jagd- und Feierkultur und der schönen Landschaft, die es umgibt, ist ein wahrer Glücksort, den es zu erkunden gilt.

- Museum Jagdschloss Kranichstein, Kranichsteiner Straße 261, 64289 Darmstadt www.jagdschloss-kranichstein.de
- ÖPNV: Bus H, Haltestelle Kesselhutweg (15 Min. Fußweg); RB75, Tram 4, 5, Bus A, Bahnhof Darmstadt-Kranichstein (20 Min. Fußweg)

Magie der Steppe

An der Griesheimer Düne

Die Region in und um Darmstadt ist für saftige Wald- und Wiesenlandschaften bekannt. Umso erstaunlicher ist die Tatsache, dass es hier auch eine sandige Steppe zu durchqueren gibt. Ein Spaziergang durch die Griesheimer Düne, die heute auf der Darmstädter Gemarkung zu finden ist, ist wie eine Reise in eine andere Welt. Es geht durch ein Natur- und Landschaftsschutzgebiet, das eine einzigartige Flora und Fauna beherbergt, die an die kalkhaltigen Sand- und Steppengebiete angepasst sind. Die Griesheimer Düne ist eine der wenigen Binnendünen in Deutschland, die in der letzten Eiszeit durch Sandaufwehungen entstanden sind. Sie ist ein Relikt einer Landschaft, die einst weite Teile Südhessens bedeckte. Die Bäume, die sich sanft im Wind wiegen, die bunten Blüten, die den Sand schmücken, die Vögel, die in der Luft zwitschern, und die Insekten, die emsig umherfliegen, vermitteln hier ein Gefühl von Lebhaftigkeit wie auch von Ruhe und Frieden.

Die Düne ist ein Lebensraum für viele seltene und gefährdete Tier- und Pflanzenarten, die auf die besonderen Bedingungen dieser Sand- und Steppengebiete angewiesen sind. Zu den charakteristischen Tierarten gehören insbesondere Vögel wie die Heidelerche, der Steinschmätzer, das Schwarzkehlchen oder der Wiedehopf. Pflege und Naturschutz sind besonders wichtig, um die einmalige Dünenlandschaft zu erhalten. Dazu gehört das Entfernen von Gehölzen und Unkraut, die die Düne beschatten und verdrängen würden, sowie das Beweiden durch Esel und Ziegen, die die Gräser kurz halten.

Das Gebiet war einst ein Truppenübungsplatz, der sowohl negative als auch positive Auswirkungen auf die Düne hatte. Einerseits wurde die Düne beschädigt und verunreinigt, andererseits wurde sie auch vor der Bebauung und dem Ackerbau geschützt, die sie zerstört hätten. Die Düne wurde 1953 unter Schutz gestellt und nach dem Abzug der US-Armee renaturiert und aufgewertet. Heute ist die Düne ein von Wanderern, Joggern und Hundehaltern gern genutzter Ort der Erholung.

- Griesheimer Düne, Brandschneise, 64295 Darmstadt
- ÖPNV: Tram 9, Haltestelle Griesheim Hans-Karl-Platz/Am Markt (30 Min. Fußweg)

Alle einsteigen!

Im Eisenbahnmuseum Kranichstein

Darmstadt hat das Privileg, gleichzeitig Heimat der größten hessischen Eisenbahnsammlung und -ausstellung zu sein. Beim geführten Rundgang über das Gelände heißt es: „das mit 1,5 Kilometern längste Denkmal der Stadt Darmstadt". Das Eisenbahnmuseum Darmstadt-Kranichstein lässt nicht nur die Herzen von Eisenbahnfans höherschlagen. Es ist seit 1970 im ehemaligen Bahnbetriebswerk Kranichstein untergebracht, gegenüber des Kranichsteiner Bahnhofs. Der Eintrittspreis in die Ausstellungsräume schließt eine rund 90-minütige Führung über das Außengelände ein. Den Charme dieses Industriedenkmals macht auch die Natur aus, die sich hier ihren Platz wieder zurückerobert. Neben und zwischen den Gleisen sprießt es grün hervor. Eine Reihe aus Bäumen und Hecken grenzt das Areal im Hintergrund von der parallel verlaufenden Steinstraße ab. Die Tour beginnt im Herzstück des Museums: Dem Ringlokschuppen, in dem die großen Dampfrösser untergebracht sind. Hier spürt man die Kraft und Geschichte der Eisenbahn hautnah und kann sogar in den Führerstand eines solchen tonnenschweren Metallriesen einsteigen.

Zu bestimmten Anlässen werden die aufwendig instandgehaltenen Loks in Betrieb genommen und für abenteuerliche Sonderfahrten durch das Rhein-Main-Gebiet genutzt. Eine besondere Veranstaltung ist das traditionell im September gefeierte Dampflokfest, bei dem die alten Maschinen in Aktion treten. Hier kann man den Rhythmus der Kolben spüren.

Vom Lokschuppen aus wird der Rundgang zum großen historischen Wagenpark im nördlichen Teil fortgesetzt. Auffällig sind die vielen Wagen mit grünem Anstrich. Damit sollte früher tatsächlich bezweckt werden, dass sie sich in Camouflage-Manier der Natur anpassen. Auch in die Personenwagen darf man als Besucher hineinkrabbeln und sich ein Bild von dem früher oft sehr einfachen Reisekomfort auf harten Holzbänken machen. Nach dem ausgedehnten Rundgang kann man sich in der Cafeteria gegenüber der Museumskasse mit Kaffee, Tee, Kaltgetränken und Snacks stärken.

- Bahnwelt/Eisenbahnmuseum Darmstadt-Kranichstein, Steinstraße 7, 64291 Darmstadt, www.bahnwelt.de
- ÖPNV: RB75, Tram 4, 5, Bahnhof Darmstadt-Kranichstein (10 Min. Fußweg)

38 3999

Blütenpracht und reiche Ernte

An den Eberstädter Streuobstwiesen

Saftige Obstwiesen dürfen in einem Buch voller grüner Glücksorte nicht fehlen. Die Streuobstwiesen in Darmstadt-Eberstadt bieten ein Naturerlebnis, das die Sinne das ganze Jahr über beglückt. Sie erstrecken sich über 50 Hektar nordöstlich vom Eberstädter Stadtkern und bieten eine vielfältige Flora und Fauna. Im Frühjahr duftet es nach blühenden Obstbäumen, die von Bienen und Schmetterlingen besucht werden. Im Herbst verlocken die reifen Früchte, von alten Sorten wie Apfel, Birne, Kirsche oder Zwetschge, zum Probieren. Ein besonderer Anziehungspunkt ist der Prinzenberg, mit 241 Metern die höchste Erhebung in der Umgebung. Von hier aus genießen Wandersleute einen herrlichen Blick über die fruchtbare Landschaft.

Das beliebte Naherholungsziel für Wanderer wartet mit einigen gut beschilderten Rundwegen auf. Ein besonders schöner, 3,5 Kilometer langer Lieblingsrundweg beginnt am Parkplatz der Carl-Ulrich-Straße in der Eberstädter Villenkolonie. Von hier geht es den Steckenbornweg bergauf, auf dem bereits andere Wanderer mit gut gefüllten Rucksäcken unterwegs sind. Schon bald erscheinen die ersten Wiesen und Obstbäume am Wegesrand. Ein hölzernes Schild weist die Richtung zum Streuobstwiesenzentrum, das Quartier des Freundeskreises Eberstädter Streuobstwiesen. Hier können spannende Programme in der Natur für Kinder unter der Anleitung von Umweltpädagoginnen und Umweltpädagogen gebucht werden. Auch für Erwachsene gibt es Exkursionen, Kurse und Vorträge sowie Führungen über die Streuobstwiesen. Weiter setzt sich der Weg vorbei an knorrigen Bäumen aus altem Obstbaumbestand fort. Über eine Abzweigung nach Südwesten wird der Gipfel des Prinzenbergs erreicht, dessen Ausblick über die sanften Hügel der „Darmstädter Toskana" reicht, so fühlt es sich an. Spätestens an dieser Stelle kommt eine südländische Urlaubsstimmung auf. Der nächste Abzweig nach rechts auf der Höhe des Melittabrunnens führt am Hettersbach entlang zurück zum Ausgangspunkt.

● Streuobstwiesenzentrum des Freundeskreises Eberstädter Streuobstwiesen e. V., Steckenbornweg 65, 64297 Darmstadt, www.streuobstwiesen-eberstadt.de
● ÖPNV: Tram 1, 7, 8, Haltestelle Carl-Ulrich-Straße

Bibliografische Informationen der Deutschen Nationalbibliothek
Die Deutsche Nationalbibliothek verzeichnet diese Publikation in der Deutschen Nationalbibliografie; detaillierte bibliografische Daten sind im Internet über http://dnb.d-nb.de abrufbar.

Konzeption/Satz: Droste Verlag, Düsseldorf
Einbandgestaltung und Illustrationen: Britta Rungwerth, Düsseldorf, unter Verwendung von Bildern von © Fotolia.com: jd – photodesign.de; © iStock: Plociennik Robert
Fotos: Lutz Kehden, außer: Darmstadt Marketing (S. 81); Kreisvolkshochschule Groß-Gerau (S. 109); Ludwig März: S. 45; stock.adobe.com: S. 75 (Branko Srot), S. 91 (Ilhan Balta), S. 103 (Fotolyse); Sigrid Stöckel (S. 87, S. 137); Volkssternwarte Darmstadt e. V. (S. 101); Wikimedia Commons, CC BY-SA 3.0: S. 117 (Clemens Marabu, https://commons.wikimedia.org/wiki/File:Flotow1.JPG); Wikimedia Commons, CC BY-SA 3.0 de: S. 131 (Andreas Delp, https://commons.wikimedia.org/wiki/File:SilzwiesenvonDarmstadt-Arheilgen.JPG); Wikimedia Commons, CC BY-SA 4.0: S. 17 (Erkaha, https://commons.wikimedia.org/wiki/File:Albert-Schweitzer-Anlage_im_Fruehjahr_Darmstadt.jpg), S. 23 (Axel Polsfuss, https://commons.wikimedia.org/wiki/File:Darmstadt_Mathildenplatz_(Löwenbrunnen)_(2015).jpg)_(2015).jpg), S. 47: Commander-pirx, https://commons.wikimedia.org/wiki/File:Dianaburg_Darmstadt_03.jpg), S. 123 (Hewiha, https://commons.wikimedia.org/wiki/File:Da-Eberstadt_Villa_Heidelb_Landstr_40.jpg), S. 151: Zipporablue, https://commons.wikimedia.org/wiki/File:DSC3003a.jpg, S. 163: Capebara, https://commons.wikimedia.org/wiki/File:Griesheimer_Düne_30-05-2019_11.jpg); Zum alten Forsthaus Kalkofen (S. 111);
Textlektorat: Petra Sparrer, Köln

Druck und Bindung: LUC GmbH, Greven
ISBN 978-3-7700-2558-9

www.droste-verlag.de